문해력 평정
천하통일 삼국지
5 천하의 주인은 누구인가

**문해력 평정
천하통일
삼국지**

❺ 천하의 주인은 누구인가

초판 1쇄 인쇄 2024년 7월 8일
초판 1쇄 발행 2024년 7월 12일

원작 | 나관중
글 | 서지원
그림 | 송진욱
펴낸이 | 한순 이희섭
펴낸곳 | (주)도서출판 나무생각
편집 | 양미애 백모란
디자인 | 박민선
마케팅 | 이재석
출판등록 | 1999년 8월 19일 제1999-000112호
주소 | 서울특별시 마포구 월드컵로 70-4(서교동) 1F
전화 | 02)334-3339, 3308, 3361
팩스 | 02)334-3318
이메일 | book@namubook.co.kr
홈페이지 | www.namubook.co.kr
블로그 | blog.naver.com/tree3339

ISBN 979-11-6218-309-0 74820
ISBN 979-11-6218-304-5 74820(세트)

값은 뒤표지에 있습니다.
잘못된 책은 바꿔 드립니다.

*종이에 베이거나 긁히지 않도록 조심하세요.
*책 모서리가 날카로우니 던지거나 떨어뜨리지 마세요. (사용연령: 8세 이상)
*KC마크는 이 제품이 공통안전기준에 적합하였음을 의미합니다.

나관중 원작 | 서지원 글 | 송진욱 그림

문해력 평정
천하통일 삼국지

❺ 천하의 주인은 누구인가

어린이
나무
생각

차례

제31장
강동을 공격한 조조 7

제32장
천하통일의 첫걸음 19

제33장
오계산 전투 31

제34장
한중왕이 된 유비 47

제35장
계략에 빠진 관우 65

제36장

**관우의 귀신에 쫓긴
조조** 81

제37장

배신당한 장비 97

제38장

**유비의
마지막 말** 111

제39장

제갈량의 출사표 127

제40장

**오장원에
별이 떨어지다** 143

문해력 꼭꼭 164

제31장

강동을 공격한 조조

유비가 익주와 형주를 안정시키는 동안 조조는 무엇을 하고 있었을까? 조조는 40만 대군을 이끌고 한중을 공격했어.

한중은 장로의 땅이었어. 그동안은 장로 밑에 맹장 마초가 있어서 한중을 함부로 공격할 수 없었지. 하지만 마초가 없는 한중은 사냥하기 쉬운 먹잇감이었어.

"유비의 힘이 더 커지기 전에 한중부터 내 것으로 만들어야 한다."

조조가 쳐들어오자 장로는 용맹한 장수 방덕*을 불렀어. 방덕은 조조를 상대로 맹렬하게 싸워 한 발짝도 물러서지 않았지만, 결국 조조의 함정에 빠져 생포되고 말았지.

"내 부하가 되어라. 장로에게 돌아가 봐야 기다리는 건 죽음뿐이다."

★ 마등과 마초 일가를 섬겼던 용맹한 장수. 마초가 유비에게 간 뒤 한중을 지키기 위해 조조와 맞서 싸우다 생포당했다. 조조를 섬기다 나중에 관우에게 잡히지만 항복하지 않았다.

조조의 말에 결국 방덕은 투항해 조조의 부하가 되었어.

이 소식을 들은 장로도 더 이상 버틸 수 없다고 판단하고 조조에게 항복했어. 이렇게 한중이 조조의 손에 들어갔지.

"승상, 이제 어쩔 계획입니까?"

"군사를 이끌고 강동으로 갈 것이다."

"예? 유비를 치는 게 아니라 강동으로 간다고요?"

"그래. 나는 손권에게 갚을 빚이 있다."

조조는 한중 땅을 장합과 하후연에게 지키게 하고, 다른 장수들을 모두 불러 모았어. 그리고 강동을 공격하기로 했지.

조조는 적벽대전에서 크게 패한 것 때문에 뼈에 한이 새겨질 정도였어. 그 한을 풀기 전에는 결코 두 발을 뻗고 잘 수 없었던 거야.

하지만 이 소식을 들은 손권은 코웃음을 쳤어.

"조조가 대군을 이끌고 온다더군. 하지만 천 리 길을 행군해 온 군사들이 무슨 힘을 쓰겠어?"

"맞습니다. 게다가 북방 출신 조조의 군사들은 수전에 약합니다. 지난번처럼 배를 이용해 싸우면 우리가 이길 것입니다."

조조는 40만 대군을 이끌고 강동을 향해 출격했어. 손권의 군사와 조조의 군사들은 육지와 강에서 그야말로 죽기 살기로 싸웠어. 이 전투에서 엄청나게 많은 군사가 죽었지.

손권의 군사들은 밀려오는 조조 군을 막느라 진땀을 뺐어. 적벽대전 이후 조조가 얼마나 이를 갈았는지 뼈저리게 느낄 수 있었지. 결국 강을 사이에 두고 양쪽 군대는 기회를 엿보며 대치했어.

그때 감녕*이 앞으로 나섰어.

"저에게 군사 100명만 붙여 주십시오. 오늘 밤 조조 군 진영으로 몰래 쳐들어가서 적을 쓸어버리겠습니다."

"수십만 명을 상대로 겨우 100명을 이끌고 간다고? 말도 안 되는 소리 말게!"

손권은 반대했지만 감녕은 결사코 기회를 달라고 했어. 그러자 강동의 대도독인 여몽**이 부하 중에서 날쌔고 용감한 군사를 뽑아 주었어.

그날 밤, 감녕과 100명의 군사들은 나뭇가지로 위장한 뗏목을 타고 강을 건너 조조의 진영으로 향했지. 조조의 군사들은 피곤해서 깊이 잠든 상태였어.

"공격하라!"

감녕의 말에 군사들은 보초병을 죽이고 막사에 불을 놓았어.

"적이다!"

"적을 붙잡아라!"

조조의 군사들이 우왕좌왕했어. 그 사이 감녕과 군사들은 재빨리 불을

★ 원래 손권의 적 황조의 장수였다. 형주와 익주를 공격하자고 적극적으로 주장했다.
★★ 손권이 매우 아낀 장수. 나중에 치밀한 계획으로 관우를 쓰러뜨리는 데 성공한다.

지르고 달아났지. 손권은 돌아온 감녕에게 큰 상을 내렸어.

그날 이후 조조의 군사들은 제대로 쉴 수가 없었어. 언제 손권의 군사들이 기습할지 몰라 두려웠던 거야.

"상황이 슬슬 우리에게 유리해지는 것 같구나."

손권은 이참에 자신이 직접 나서서 싸워야겠다고 생각했어. 그래서 깊은 밤 군사들을 이끌고 조조 군 진영을 기습했지.

"적군이다!"

"손권을 잡아라!"

"이놈, 우리가 한 번 속지, 두 번 속을 줄 알았느냐!"

손권은 밤에도 긴장을 늦추지 않고 있던 조조의 군사들에게 거센 반격을 당하고 말았어. 조조의 곁을 지키고 있던 장수 허저까지 나서서 손권을 공격했지.

"손권 이놈, 허저의 칼을 받아라!"

손권은 도망칠 길이 없었어. 사방에 조조의 군사들이 숨어 있었던 거야. 사실 조조는 감녕이 다녀간 뒤 일부러 군사들에게 허점을 보이라고 명령했어. 그래야 손권이 직접 나설 테니까.

"주군, 어서 빨리 피하셔야 합니다!"

손권은 여몽이 갈대밭 사이에 숨겨 둔 배로 허둥지둥 올라탔어. 배가 출발하자 조조의 군사들은 그제야 추격을 멈췄지.

"휴, 이번에야말로 정말 죽을 뻔했네."

손권은 안도의 한숨을 내쉬었어. 그때 자신을 호위하던 장수 서성이 보이지 않는다는 걸 깨달았지.

"서성은 어디에 있느냐?"

"서성은……."

조조의 군사들이 포위하기 시작했을 때 서성은 일부러 도망치지 않았어. 자신이 남아서 싸워야만 손권이 도망칠 시간을 벌 수 있다고 생각한 거야.

손권은 당장 부하 장수들에게 서성을 구출해 오라고 명령했어. 얼마 후, 장수들이 서성을 구해 왔어. 하지만 이미 심각한 상처를 입고 온몸이 피투성이가 되어 있었지.

"서성, 너를 잃을까 봐 걱정했다!"

손권은 서성을 끌어안고 눈물을 흘렸어. 서성뿐만 아니라 다른 장수들도 대부분 부상을 입은 채였지. 설마 조조의 군사들이 밤에도 전투태세를 갖추고 있을 거라고는 생각하지 못하고 방심했던 거야.

"이대로라면 우리는 조조 군에게 패하겠지?"

"고향으로 돌아가고 싶다."

크게 패배한 손권의 군사들은 싸울 용기를 잃었어. 그때 육손*이 10만 대군을 이끌고 나타났지. 손권은 육손의 손을 맞잡으며 기뻐했어.

★ 젊고 명석한 손권의 참모. 강동 지역 명문가의 자손으로 싸움뿐 아니라 고을을 다스리는 데도 뛰어난 재능이 있다. 손권은 육손을 아껴 죽은 형 손책의 딸과 결혼시킨다.

"육손, 그대가 지원을 와 주다니! 고맙네, 고마워!"

한편 조조는 손권에게 본때를 보여 주었다는 생각에 절로 웃음이 터져 나왔어. 그러고는 사기를 잃은 손권의 군사들을 공격해 한 번에 끝장내 리라 마음먹었지. 그때 강 너머로 시커먼 무언가가 보이지 뭐야. 가만 보니 갑옷을 입은 수십 만 명의 군사들이었어.

"저게 웬 군사들이냐?"

"육손이 구원군을 몰고 왔다고 합니다! 10만 명은 될 듯합니다."

"10만?"

육손의 군사들은 곧바로 공격을 해 왔어. 조조의 군사들은 버티지 못했어. 기습에 대비한다며 며칠째 밤잠을 못 잔 터였기 때문에 지칠 대로 지쳐 있었거든.

"승상, 이대로는 안 되겠습니다. 후퇴를 명령하십시오."

"에잇!"

결국 조조는 수많은 군사를 잃고 내쫓기듯 도망쳐야 했어.

조조의 군사들이 후퇴하기 시작하자, 손권은 하늘이 떠나갈 듯 큰 소리로 웃음을 터트렸어. 하지만 손권도 손실이 컸어. 아끼는 장수도 여럿 잃었지.

"주군, 지금은 한고비를 넘겼으나 조조는 결코 만만한 장수가 아닙니다. 다음에 조조가 공격해 온다면 우리가 위험할 수도 있습니다."

"흐음!"

"차라리 지금이라도 조조에게 화해하자고 권하십시오."

손권은 육손의 말에 고개를 끄덕였어.

이튿날, 손권은 조조에게 편지를 보내 잠시 싸움을 멈추자고 했어. 조조 역시 이대로는 강동을 정벌할 방법이 없다고 생각했던 터였기에 쉽게 손권의 청을 받아들였지.

다시 허도로 돌아간 조조는 관리들에게 허풍을 떨었어.

"잘 들어라. 나는 한중을 정벌하고, 손권에게 매년 조정에 세공을 바치겠다는 약속을 받아 냈다."

"승상의 공이 참으로 크옵니다!"

"이참에 승상을 위왕으로 모시는 건 어떻겠습니까?"

한나라의 승상인 조조는 황제를 빼고는 가장 높은 자리에 있었어. 그런데도 조조의 곁에 있는 관리들은 어떻게든 그에게 아첨하려 애썼어.

조조는 그런 모습을 보고 빙그레 미소를 지었지.

'나를 위나라의 왕으로 모시겠다고? 하기는 한나라의 황제가 살아 있기는 하지만 허수아비일 뿐 아무런 힘이 없지. 그러니 황제보다 더 강한 힘을 지닌 내가 왕의 이름을 갖는 것도 나쁘지는 않겠어.'

이렇게 생각한 조조는 황제를 만나기로 했어.

조조는 황제가 지내는 궁으로 찾아갔어. 원래 황제를 만날 때는 누구든 무기 없이 신발을 벗고 허리를 굽힌 채로 걸어야 해. 하지만 조조는 신발을 신은 채로 허리에 큰 칼까지 차고 성큼성큼 걸어갔지. 그 모습을 본 황제의 시종이 조조를 크게 꾸짖었어.

"승상께서는 신발을 벗고 걸어오시오."

그러나 조조는 아랑곳하지 않고 고개를 빳빳이 들고 당당하게 걸었어. 그리고 황제가 앉아 있는 자리까지 올라가서 그 옆에 떡하니 앉았지.

"승상, 이게 무슨 짓이오?"

황제가 두 눈을 부릅떴어. 그러자 옆에 있던 신하들이 황제에게 말했지.

"폐하, 승상께선 지금까지 큰 공을 세우셨습니다. 동탁과 여포 같은 대역적을 소탕하고, 청주, 기주, 병주 땅을 차지했음은 물론이고 스스로 황제라 칭하며 조정을 모욕한 원술도 처단하셨습니다."

"맞습니다. 거기다가 한중 땅을 공격해 항복을 받아 내었고, 손권에게는 해마다 조정에 공물을 바치도록 했으니, 이보다 더 큰 공이 어디 있겠습니까?"

"그래서요?"

"그러니 승상을 위왕으로 봉하시어 그 공을 만천하에 알려 주십시오."

"위, 위왕? 하지만 한나라의 황족은 오로지 유씨 성을 가진 자만이 될 수 있는 것이오. 조조가 갑자기 왕이 된다면 백성들이 우리 한나라를 어찌 생각하겠소?"

황제의 말에 조조의 표정이 단번에 일그러졌어. 그러자 겁을 먹은 황제는 어쩔 수 없이 조조를 위왕으로 봉하겠다는 명령을 내렸지. 신하들은 일제히 조조의 이름을 외치며 만세를 불렀어. 이후 조조는 자신의 궁궐을 크게 만들고, 말 여섯 마리가 끄는 금마차를 타고, 장남인 조비를 후계자로 세웠어. 그 모습이 마치 황제와 같았지.

그런 조조의 모습을 탐탁지 않은 표정으로 바라보는 사람은 순욱*밖에 없었어. 조조의 잘못된 행동이 마음에 들지 않았던 순욱은 조조를 비판했지만, 조조는 그걸 못마땅하게 여겼어.

'아아, 이대로 우리 한나라는 망하고 말겠구나.'

이렇게 생각한 순욱은 탄식하며 집으로 돌아갔어.

그날 밤, 순욱은 스스로 대들보에 목을 맸어. 만약 스스로 목숨을 끊지 않으면 조조가 자기를 죽일 게 뻔했기 때문이야.

★ 조조의 책사로 바른말을 거침없이 했다. 순욱이 죽은 후, 조조는 크게 후회했다.

제32장

천하통일의 첫걸음

"조조가 위왕이 되었다고? 이대로 조조를 놔두면 세력이 점점 더 강해지겠군."

유비와 제갈량은 조조를 견제할 방법을 고민했어. 조운과 장비는 가까이에 있는 한중부터 치는 게 좋겠다고 했지.

조운과 장비의 말에 마초도 거들었어.

"그곳은 제가 지키던 곳이니 누구보다 지리를 잘 알고 있습니다."

유비도 한중 땅을 빼앗아야겠다고 생각했지. 한중은 익주의 바로 옆인 데다 형주와도 가까우니 조조의 손에 두었다가는 큰 위협이 될 수도 있을 테니 말이야.

"나도 한중을 차지하는 것이 나으리라 생각하고 있었다."

"하하하! 안 그래도 쥐새끼 같은 조조가 스스로 왕이라 칭했다가 반란이 일어나 골치를 앓고 있다면서요? 조조는 지금 반란을 일으킨 놈들을 잡느라 정신이 없을 테니 이 틈을 타서 한중을 깨뜨려 버립시다!"

장비가 통쾌한 웃음을 터뜨리며 말했어.

그러자 다른 장수들도 모두 고개를 끄덕였지. 하지만 제갈량은 탐탁지 않은 표정이었어.

"군사의 생각은 어떻습니까?"

유비가 묻자, 제갈량이 고개를 가로저었어.

"주군의 말씀대로 한중을 차지하려면 우리가 가진 군사 전부가 출정해야 합니다. 그러나 그 때문에 형주에 일이 생기면 어찌 대처합니까?"

"에이, 군사는 걱정도 많으시오. 생각해 보시오. 우리가 전군을 동원해 한중을 치면 조조가 한중을 구하러 오겠지, 형주를 공격하겠소?"

장비가 너털웃음을 터트리며 대꾸했어.

"동쪽에는 조조 말고도 손권이 있습니다."

"그건 관우 형님의 힘으로도 충분히 막을 수 있소!"

"아니요. 안 됩니다."

제갈량은 물러서지 않고 반대했어. 하지만 유비는 이미 결심을 한 상태였지.

"나는 이미 결심했습니다. 한중을 공격해 조조와 겨루겠습니다!"

"주군!"

"기회를 놓치면 다시는 오지 않는다고 내게 말했잖습니까. 우리가 한중을 빨리 취할수록 형주도 안전해질 것입니다."

"흠!"

그 말을 들은 제갈량은 더 이상 대꾸를 하지 않았어.

유비가 한중을 공격했다는 사실을 알게 된 조조는 곧바로 손권에게 사신을 보냈지.

> 손 장군, 나는 지금 한중으로 출전해
> 유비의 코를 납작하게 해 줄 것이오.
> 그동안 우리 군과 함께 힘을 모아
> 관우가 지키고 있는 형주를 치는 건 어떻소?
> 만약 우리가 형주를 차지한다면
> 그 땅의 절반을 그대에게 주겠소.
> - 조조

손권이 어떻게 해야 좋을지 몰라 고민하고 있을 때 유비에게서도 편지가 왔어. 한중을 칠 예정이니 조조에게 힘을 보태지 말라는 경고장이었지.

손권은 육손을 불러 지혜를 구했어.

"조조가 나에게 서신을 보내 함께 형주를 치자고 하오. 헌데 유비는 내게 한중을 치러 출정할 테니 함부로 자기들을 공격하면 큰일 날 것이라고 경고하고 있소."

"주군, 양쪽 모두에 답하시되, 둘 다 군사는 보내지 마십시오."

"오, 그거 좋은 방법이로군!"

"형주는 그냥 두어도 어디 가지 않습니다. 조조가 이긴다면 절반의 몫을 달라고 주장하면 되고, 유비가 승리한다면 주군께서 도와준 대가로 형주의 절반을 달라고 하실 수 있습니다."

"거참 좋은 생각이야!"

육손의 계책을 들은 손권은 크게 만족했어. 그리고 한 가지 꾀를 더 내었지.

"조조에게 서신을 보내 군량 10만 석을 달라고 하면 어떻겠소? 유비를 공격할 때 쓰겠다면 당연히 주겠지? 유비 쪽에도 조조를 공격할 때 쓴다고 군량 10만 석을 요청하고."

손권으로서는 군사도 잃지 않고, 오히려 득을 볼 좋은 기회가 될 수도 있었지.

"현명하십니다!"

손권은 손권대로 꾀를 내고 있을 그 시각, 유비는 조운과 장비를 앞세워 30만 대군을 이끌고 한중으로 향했어.

한중에 도착하자 먼저 가서 기다리고 있던 황충 장군이 반갑게 맞이했지. 황충을 본 제갈량이 미소를 지으며 이렇게 말했어.

"황 장군, 이제 그만 쉬셔도 될 것 같습니다. 하후연 같은 장수를 무슨 수로 당하겠습니까?"

그도 그럴 것이 당시 황충의 나이는 일흔 살이었어.

"군사께서는 무슨 말씀을 그리하십니까?"

"형주에 있는 관 장군을 불러와야 할 것 같아 그러합니다."

황충이 그 말을 듣고 발끈했어.

"옛날 조나라에 염파라는 장수가 살았다 합니다. 그 장수는 나이가 여든이 넘었어도 기운이 흘러넘쳐 감히 다른 장수들이 공격할 엄두를 내지 못했다더군요. 저는 염파보다 열 살은 더 젊습니다."

"마음은 청춘이어도 나이만은 어쩔 수 없으니 너무 무리해서는 안 된다는 뜻입니다. 허나, 황 장군께서 그토록 자신 있다고 하시니 출전을 허락하겠습니다."

제갈량이 황충에게 늙었다고 한 건 황충의 자존심을 건드리기 위해서였어. 황충은 자존심이 매우 세고, 지기 싫어하는 성격이었거든. 제갈량의 말은 오히려 황충의 투지를 불태웠지.

"두고 보십시오. 내가 반드시 하후연의 목을 베어 오겠습니다!"

황충이 의기양양하게 밖으로 나가자, 제갈량은 유비에게 조심스럽게 말했어.

"황충이 큰소리를 치긴 했으나, 하후연은 결코 만만한 상대가 아닙니다. 허니, 황충에게 지원군을 붙이시옵소서."

"그래, 누가 지원을 하면 좋겠습니까?"

유비가 묻자, 제갈량은 조운을 바라보았어.

"조 장군은 3천 명의 군사를 거느리고 가서 숨어 있다가 황 장군이 위기에 처하면 돕도록 하시오. 아무 때나 나서서는 안 되고 반드시 황 장군이 위험한 순간에만 나서야 하오."

"예."

제갈량은 장비와 위연을 불러 황충이 공격하는 반대쪽을 치도록 했어. 제갈량의 치밀한 계획을 들은 장비는 감탄했지.

"역시, 우리 제갈 군사는 최고라니까! 이번에도 우리가 크게 승리하겠습니다."

장비의 호들갑을 들은 제갈량이 다시 차분하게 말을 이었어.

"이번엔 무슨 수를 쓰든 하후연을 없애야 합니다. 하후연은 조조의 자존심이나 마찬가지니까 놈만 없애면 조조 군은 싸울 힘을 잃어버릴 것입니다."

"예, 알겠습니다!"

명령을 들은 장수들은 모두 기세등등하게 밖으로 향했어.

그 시각 조조는 대군을 이끌고 한중을 향해 가고 있었어. 하후연은 조조의 군사가 도착할 때까지 어떻게든 시간을 벌어야만 했지. 하지만 물밀듯 밀려오는 유비의 군사들을 당하기에는 힘이 부족했어.

"위왕께 지원군 중 일부라도 먼저 보내 달라고 부탁하라!"

하후연은 칼을 움켜잡으며 소리쳤어. 그 말을 들은 부하 하나가 즉시 달려갔지.

"조금만 버텨라. 위왕께서 오시면 전세가 역전될 것이다!"

그렇게 하후연은 군사들의 기운을 북돋우며 전쟁터로 뛰어들었어.

얼마 후, 하후연의 부하가 조조에게 도착했지.

"전하! 하후연 장군이 지원군을 요청했습니다. 지금 당장 지원군을 보내지 않으면 한중이 위험합니다."

"흠, 지원군이라……."

조조는 손가락으로 탁자를 두드리며 느긋하게 고민했어.

하후연은 조조와 어렸을 때부터 함께 자란 친구였어. 고향에서 조조가 잘못을 저질렀을 때도 하후연이 대신 벌을 받으려고 할 만큼 우애가 깊었던 사이야. 그런데 조조는 지금 다른 생각을 하고 있었어.

조조는 오랜 고민 끝에 하후연의 부하에게 말했어.

"하후연이 위기에 처하면 유비 군의 사기가 하늘을 찌를 듯 높아지겠지? 지원군을 보낼 것이니 너는 염려하지 말고 돌아가도록 하라."

"전하, 감사합니다."

사실 조조는 지원군을 보낼 생각이 없었어.

황충이 하후연을 공격했다면 지원군을 보내 봤자 이길 가능성이 적다고 판단한 거야.

"전하, 지원군을 보내지도 않을 거면서 보낸다고 한 까닭은 무엇이옵니까?"

장수 하나가 물었어.

"그야 군사들이 마지막까지 희망을 품고 최선을 다해 싸워 주기를 바라기 때문이지."

"아!"

"하후연이 패하면 유비는 분명히 긴장을 늦출 것이다. 나는 그때 나서서 유비를 공격할 것이야."

"하지만 하후연은 전쟁터에서 수많은 전공을 세운 장수입니다. 만에 하나 죽기라도 하면 어떻게 합니까? 하후연을 함부로 버리셔도 되겠습니까?"

"어쩌겠나. 아깝고 귀한 것이라도 버릴 땐 버려야 하는 것이지."

역시 조조는 냉정한 사람이었어. 조조는 끝내 하후연에게 지원군을 보내지 않았어.

한중에서 승리를 거머쥔 황충 장군이 돌아왔어.

"주군, 제가 하후연을 베었습니다!"

승전 소식을 들은 유비는 크게 기뻐하며 황충을 정동 장군으로 봉하겠다고 했어. 유비를 비롯한 여러 장수는 크게 들뜬 표정이었지. 하지만 제갈량만은 낯빛이 어두웠어.

'하후연이 이렇게 쉽게 지다니, 설마 조조가 하후연을 버린 건가?'

제갈량은 긴장을 풀지 못했어.

"뭔가 이상합니다."

"내가 하후연을 죽인 게 이상하단 뜻이오? 나도 충분히 실력이 있는 장수요."

황충의 말에 제갈량은 고개를 가로저었어.

"하후연은 조조의 오랜 친구이며, 조조의 누이동생과 결혼한 사람입니다. 조조가 자기 가족을 돕기 위해 지원군을 보내지 않았다는 것이 이상하지 않습니까?"

"그, 그건……."

"조조의 꾀는 깊어서 감히 예측하기 어렵습니다. 무슨 일인지는 정확히 모르겠지만 뭔가 꿍꿍이가 있는 겁니다."

제갈량의 말에 모든 장수들의 표정이 어두워졌어. 다들 조조가 예측하기 힘든 계략을 쓰는 자라는 것을 알고 있었거든. 게다가 아끼는 장수 하후연을 희생해 가며 낸 계략이 무엇일지 걱정하지 않을 수 없었지.

제33장

오계산 전투

"하후연이 죽었다고? 그렇다면 유비는 지금 어쩌고 있느냐?"

조조가 부하에게 물었어.

"전하의 말씀대로 유비는 아주 기고만장한 상태가 되었습니다. 듣자 하니 전쟁 중이라는 것도 잊고 잔치까지 벌였다 하옵니다."

"후훗, 지금은 잔치를 벌이겠지만, 머지않아 지옥의 문턱을 넘어가게 될 것이야."

조조는 잔인한 미소를 입가에 흘렸어.

"최대한 빨리 모든 군사를 동원해 총공격을 준비하라. 이번 전투는 나와 유비의 마지막 결전이 될 것이다!"

조조는 모든 군사에게 오계산으로 모이라고 지시했어. 하후연을 죽이고 마음 놓고 들떠 있는 유비의 허를 찌를 계획이었던 거야.

'후훗, 이제 하후연의 복수를 하자고 하면 장수들이 더욱 힘을 내서 공

격할 것이다. 유비는 유비대로 잡고, 장수들의 사기 또한 높일 수 있는 계책이 아니더냐!'

조조는 자신이 아끼던 장수인 하후연을 내준 대신 더 큰 승리를 거둘 수 있게 되었다고 생각했지.

둥둥둥둥! 둥둥둥둥!

이튿날, 날이 밝기 무섭게 조조는 20만 군사를 이끌고 오계산으로 출격했어. 조조의 대군은 거침없이 벌판을 달려서 유비의 진영이 보이는 곳까지 진격했지.

"유비는 모습을 보여라!"

"겁쟁이 유비, 비겁한 유비는 당장 위왕 앞에 무릎을 꿇어라!"

조조의 군사들이 유비를 조롱하기 시작했어.

"우우우우우!"

유비의 군사들도 북을 두드리며 야유를 퍼부었지.

"다들 그만! 오늘은 내가 직접 나서겠다."

조조는 붉은 깃발을 나부끼며 앞에 나섰어.

그 모습을 본 유비 역시 말을 타고 다가갔지. 유비의 뒤에는 황충, 유봉, 맹달 등 장수들이 서 있었어.

마침내 조조와 유비는 서로 손을 뻗으면 닿을 정도로 가까이에서 마주 보고 서게 되었어.

"은혜도 모르는 유비는 들어라. 너는 그 옛날 동탁의 무리를 토벌할 때 내가 베풀어 준 은혜를 잊은 것이냐? 여포에게 쫓겨 갈 곳을 잃었을 때 너를 거둬 준 사람도 바로 나다!"

"조조! 넌 이 나라를 망쳤다. 황제를 궁에 가두고 너를 반대하는 충신들을 모조리 죽였다. 나는 이 나라를 위해 너를 벌할 것이다!"

"유비야, 유비야, 내 뒤에 20만 대군이 있다. 네가 나를 죽일 수 있을

것 같으냐?"

그러면서 조조는 자신의 군사들을 향해 소리쳤어.

"군사들은 들어라! 당장 유비를 공격하라!"

조조의 명령이 떨어지기 무섭게 군병들이 창과 칼을 들고 기다렸다는 듯이 달려 나왔어. 유비와 장수들은 겁을 먹은 듯이 급히 말을 돌려 본진으로 돌아갔어.

너는 이 나라를 망쳤다!

피잉, 피잉, 피잉!

그때 유비의 진영에서 화살이 비 오듯 쏟아졌어. 매복하고 있던 유비의 군사들이 일제히 일어나 조조 군을 공격한 거야. 조조 군의 기세를 꺾기 위해 제갈량은 치밀한 계획을 세웠어. 제갈량의 계책이 일점일획도 틀리지 않고 맞아떨어진 거지.

"으윽, 유비 군이 미리 준비하고 있었다니!"

오계산은 군사들의 함성과 칼과 창이 부딪히는 소리로 귀가 먹먹할 지경이었어.

싸움은 해가 질 때까지 계속되었어.

"에잇, 일단 진영으로 돌아가자."

조조는 지친 군사들을 위해 뒤로 물러섰어.

막사로 돌아온 조조는 어떻게든 빨리 전열을 정비해 유비를 공격해야겠다고 생각했어. 자기편이 수적으로 훨씬 우세했지만 싸움이 길어지면 유비를 꺾기 어려울 것 같았지. 고민에 빠진 조조에게 사마의*가 찾아왔어.

"전하, 유비 군의 공세가 맹렬했으나, 유비의 장수 중에 마초와 위연이 아직 나오지 않았습니다. 그들이 내일 공격을 해 온다면 우리 군사들은 버티기 힘들 것입니다."

"뭐라?"

★ 조조의 참모 중 한 명. 현명하고 뛰어난 재주를 가졌으나, 조조는 그의 야심이 큰 것을 알아채고 크게 신임하지는 않는다.

바로 그때 군사 하나가 다급히 달려왔어.

"전하께 급히 아룁니다! 방금 마초가 이끄는 군사들이 공격을 시작했습니다."

"당장 서황에게 나가 막으라고 일러라."

그런데 또 다른 군사가 헐레벌떡 달려오는 거야.

"위연이 군사를 이끌고 우리 진영 코앞까지 닥쳐 왔습니다. 어떻게 할까요?"

"다른 장수들에게 힘을 합쳐 위연을 막으라고 일러라."

조조의 명령에 사마의가 걱정스러운 표정을 지었어.

"전하, 우리 장수들은 모두 지친 상태입니다. 하지만 마초와 위연은 오늘 처음으로 출전하는 것입니다."

"그래서?"

"우리가 이기기 어려울 수도 있습니다."

"괜찮다. 그 정도 장수들은 충분히 상대할 수 있어."

그러자 사마의가 매우 심각한 표정을 지으며 말했어.

"전하, 아직도 유비 군에서 나오지 않은 장수가 있습니다. 만약 그가 온다면……."

"누구? 관우를 말하는 것인가? 관우라면 형주에서 꼼짝하지 못할 것이야. 형주를 비웠다가는 금세 빼앗기게 될 것을 제갈량도 알 테니."

"아니, 조운 말입니다. 오늘 전투에서 조자룡 그자를 본 사람이 아무도 없습니다."

"설마 그자가 나오겠느냐? 조운은 틀림없이 유비 옆에 딱 붙어서 그를 지킬 것이다."

조조는 코웃음을 치며 고개를 흔들었어.

바로 그때 군사 하나가 헐레벌떡 뛰어왔어.

"저, 전하! 어서 피하십시오. 조운이 오고 있습니다!"

그 말에 조조가 몸을 벌떡 일으켰어. 조조 역시 조운의 용맹함에 대해서는 익히 알고 있었기 때문이지.

"일단 피하셔야겠습니다."

사마의의 말에 조조는 잠시 넋을 잃었지.

'이렇게 몰아친다고?'

그사이 조조의 진영은 엉망이 되어 갔어. 군사 한 명이 활을 맞은 채 뛰어오며 외쳤어.

"전하, 큰일이 났습니다. 유비 군에게 기습을 받아 우리 군이 먹을 군량미를 모조리 빼앗기고 말았습니다!"

"뭐? 군량을 빼앗겼다고? 그렇다면 우리 군은 무엇을 먹고 어떻게 버틴단 말이냐?"

웬만한 일로 당황하지 않는 조조였지만, 식량을 잃었다는 소리에는 어찌할 바를 몰라 허둥댔어.

그때 황충이 창을 휘두르며 바람처럼 달려들었어.

"조조, 이 역적 놈아! 네 목숨은 오늘 끝난다!"

가만히 있다가는 황충의 창에 목숨이 날아갈 판이었어. 갑작스러운 공격을 받은 조조의 군사들은 제대로 싸워 보지도 않고 칼과 방패를 버리고 도망치느라 정신이 없었어.

그러자 이번에는 마초가 조조의 군사들을 쫓아가 창을 휘둘렀지. 조조의 군사들은 서로 항복하겠다며 칼을 내던졌어. 조조도 더 이상 버틸 수 없다는 것을 깨달았지.

"강을 건너 도망쳐라!"

조조와 군사들은 '한수'라는 강을 건너 정신없이 도망쳤어. 그 강에서 목숨을 잃은 조조 군은 헤아릴 수 없을 정도였어. 유비 군은 더 쫓지 않고 한수 근처에 진을 치고 다음 전투를 준비했어.

간신히 목숨을 구한 조조는 입술에 피가 날 정도로 질근질근 깨물며 분통을 터트렸어.

"하후연의 복수를 하기는커녕 군량미마저 모조리 빼앗기다니! 으, 유비 네 이놈!"

조조가 불같이 화를 낸 건 이번 전투가 매우 중요했기 때문이야. 만약 이번 전투에서 유비가 큰 승리를 거둔다면 한중을 차지하는 것은 물론이고, 낙양과 허도까지 넘볼 수 있기 때문이지.

'에잇, 내가 유비에게 날개를 달아 준 꼴이로군!'

조조가 분통을 터트리고 있을 때 사마의가 다가왔어.

"전하, 당장 손권을 부추겨 형주를 치게 하시지요."

"손권? 그 배은망덕한 놈은 군량미만 가져가고 군사를 움직이지도 않았잖은가!"

"그때는 유비와의 승패가 결정 나지 않았으니 함부로 움직이려 하지 않은 것입니다. 지금은 유비가 큰 승리를 거두었으니, 손권도 위태로움을 느낄 것입니다."

"좋은 수로다."

궁지에 몰렸던 조조는 조금 마음을 놓았어. 하지만 그 또한 오래가지 않았지.

한수를 사이에 두고 유비 군과 조조 군은 서로 바라보며 대치했어. 주변을 둘러본 제갈량은 지형을 이용해 작전을 짰지. 한수 주변은 산이 많아 군사를 매복시키기에 좋은 지형이었어. 제갈량은 조운을 불렀어.

"피리와 북을 가지고 군사 500명을 데려가 산 뒤에 숨으십시오. 오늘 밤에 제가 신호를 하면 피리를 불고 북을 치십시오. 그러나 절대로 조조 군을 공격해서는 안 됩니다."

조운은 참 이상한 작전도 다 있다고 생각했지만, 제갈량이 시키는 대로 피리와 북을 챙겨서 산으로 올라갔어.

삘릴릴리, 삘릴리, 삘리릴리! 둥둥둥, 둥둥둥, 둥둥둥둥!

깊은 밤, 난데없이 피리 소리와 북소리가 산 위에서 울렸어. 조조 군은 깜짝 놀랐지.

"기습이다!"

모두가 놀라서 허둥대는 가운데 누군가 소리쳤어.

"조운이 쳐들어왔다!"

조조의 군사들은 조운이란 소리만 듣고도 겁을 집어먹고 허둥댔어. 피리 소리, 북소리는 밤새 요란했어. 하지만 정작 조운은 나타나지 않았고, 조조 군은 밤새 한잠도 자지 못했어.

조조 군은 조운이 언제 쳐들어올지 몰라 낮에도 전전긍긍했어. 하지만 주변을 샅샅이 뒤져도 조운의 군사는 보이지 않았지.

그리고 다음 날 밤 또 삘릴릴리, 둥둥둥둥 피리와 북소리가 울렸어. 이번에도 공격은 없었지.

하지만 워낙 시끄럽게 울려 대는 바람에 조조 군은 잠을 자지 못했어. 혹시나 정말 공격할지 모르니 대비도 해야 했지. 그다음 날 밤에도, 그다음 날 밤에도 피리와 북소리가 계속 시끄럽게 울려 대자, 조조 군은 완전히 지쳐서 서 있을 기운조차 없었어.

"여기서 더 버틸 수가 없구나. 창을 들 힘도 없어. 후퇴해야 한다."

조조는 다시 군사를 뒤로 물려 한수에서 한참 떨어진 평지에 진을 쳤어. 그 모습을 본 제갈량은 다음 작전을 시작했지.

"주군, 이번엔 우리가 한수를 건너야 할 차례입니다. 한수를 뒤에 두고 배수의 진을 치십시오."

'배수의 진'이란 강을 등 뒤에 두고 진을 쳐서 더 이상 도망칠 곳 없이 죽을 각오로 싸운다는 뜻이야. 하지만 후퇴할 곳이 없으니 매우 위험한 전략이지. 조조 군 편에서 거꾸로 생각하면, 강쪽으로 유비 군을 몰아세운 형세니까 조조 군에 더 유리했어.

"뭐라고? 유비가 배수의 진을 쳤단 말이냐?"

조조가 정찰병의 말을 전해 듣고는 머리를 갸웃했어.

"전하, 당장 쳐들어가야 합니다!"

의심이 많은 조조였지만, 직접 군사를 이끌고 유비 군을 향해 나아갔어. 그런데 얼마 가지 않아 유비를 딱 맞닥뜨린 거야. 유비는 조조와 싸우는 척하더니 바로 후퇴하기 시작했어.

'이렇게 후퇴를 한다고? 뭔가 이상한데? 굳이 한수를 건너와 우리 코 앞에다 배수의 진을 치지를 않나, 제대로 싸우지도 않고 도망치질 않나…….'

"당장 멈춰라!"

의심이 정말 많았던 조조는 제갈량이 계략을 짠 것으로 판단하고, 유비를 쫓지 않고 오히려 후퇴했어.

"후후훗, 역시 제 생각이 맞았습니다."

제갈량은 의심이 많은 조조의 성격을 이용해 후퇴하게 만든 거야.

"지금이 기회입니다! 황충, 조운! 두 장군은 총공격하십시오!"

방심한 채 슬슬 후퇴하던 조조 군의 뒤와 옆을 유비의 장수들이 달려들었어.

"으아악! 대체 무슨 일이냐?"

조운이 날듯이 달려오는 모습에 조조의 군사들은 무기를 내려놓으며 항복하겠다고 소리쳤어. 조운이 창을 들고 달리자 바다가 갈라지듯 조조의 군사들이 좌우로 갈라지며 쓰러졌어. 완전히 싸울 의지를 잃은 채 조운에게 살려 달라며 애원하기도 했지.

"빨리, 빨리, 안전한 곳으로 후퇴하라!"

조조 군은 남정성으로 다급히 도망쳤어.

"문을 열어라!"

그런데 남정성은 성문을 굳게 닫아걸고 열어 주지 않았어. 당황한 조조 군을 성 위에서 누군가 내려다보고 있었어.

"조조 왔느냐? 여기는 우리가 접수했다."

조조 군이 전투하려고 나간 사이에 장비가 남정성을 이미 점령해 버린 거지.

"조조를 잡아라!"

장비가 군사를 이끌고 나와 장팔사모를 휘두르며 조조를 향해 달려왔어. 조조는 싸워 볼 생각조차 못 하고 무조건 말을 달려 멀리 있는 양평관까지 도망쳤지.

"푸하하하! 조조야, 꼬리가 빠지도록 도망치는 꼴이 우습구나! 다시 또 나타났다가는 장팔사모의 뜨거운 맛을 보여 주마!"

간신히 목숨을 구한 조조는 양평관에 틀어박혀 나오지 못했어.

뻴릴릴리, 둥둥둥, 뻴릴리, 둥둥둥둥둥!

조조는 아직도 귓가에서 피리 소리와 북소리가 울리는 것 같았어.

"아, 내가 또 유비에게 패했구나! 그깟 피리와 북에 당하다니! 이게 다 제갈량, 그놈 때문이야!"

자신이 감쪽같이 속았다는 것을 깨달은 조조는 이를 악물었어.

거대한 조조의 군사를 물리친 유비는 이로써 천하통일을 위해 한 걸음 더 나아가게 되었어.

제34장

한중왕이 된 유비

드디어 유비가 한중을 차지하게 되었어. 전쟁에서 패한 조조가 한중에서 도망치자, 얼마 전 조조 편에 항복했던 한중의 크고 작은 고을들이 모조리 유비에게 항복했기 때문이지.

이로써 유비에게 천하통일의 기회가 온 것이었어. 한중에 있는 사천, 한천 일대의 땅은 매우 넓어서 풍요로운 나라를 만들 수 있었지. 형주와 익주, 한중을 바탕으로 이제 유비는 조조나 손권에게 밀리지 않을 만큼 세력을 가질 수 있게 된 거야.

유비가 제일 먼저 한 일은 백성들을 안심시키는 일이었어. 백성들을 모아 놓고 더 이상 쓸데없는 전쟁을 벌이거나 괴롭히는 일은 없을 것이니 평화롭게 지내도 좋다고 말했지.

유비가 다스린다고 하자, 백성들은 다시 잘살 수 있게 될 거라며 사흘 밤낮을 먹고 마시면서 기쁨에 젖었어.

그다음으로 유비가 한 일은 오계산 전투에서 목숨을 걸고 싸운 장수들에게 일일이 상을 내리는 것이었어.

"형님, 우리가 이렇게 넓은 땅을 차지하게 될 줄은 꿈에도 몰랐습니다. 이제 북방의 조조가 다스리는 땅이나 강동의 손권이 다스리는 땅에 비해 부족함이 없을 정도로 큰 땅을 다스리게 되었습니다!"

장비는 기뻐서 싱글벙글 웃으며 입을 다물지 못했어.

"장비야, 아직은 웃을 때가 아니다."

"아니, 지금이 아니면 언제 웃습니까? 조조가 우리에게 얼마나 크게 패했는지 모르십니까? 20만 명에 이르는 조조의 대군이 우리에게 와르르 무너졌습니다. 조운이 쳐들어간다는 소식을 들은 조조가 수염이 빠질 정도로 황급히 도망쳤다는 걸 여기 있는 장수들은 다 압니다!"

장비의 말에 자리에 함께한 장수들이 웃음을 터트렸어.

"그래도 아직 조조가 살아 있으니 방심해서는 안 될 것이야."

"어쨌거나 오늘은 코가 삐뚤어지게 마십시다!"

장비가 술잔을 높이 치켜들었어.

그때 한중 공격에 공을 세운 법정이 자리에서 일어서며 말했지.

"주군, 주군께선 황실의 종친으로 인자한 성품을 지니셨습니다. 게다가 이제 넓은 땅과 100만 명에 달하는 군사를 이끄는 몸이 되셨습니다. 그러니 주군께서 한중왕이 되시어 천하를 통일하셔야 합니다."

"당치 않은 소리! 그런 소리는 절대 입 밖에 내지 마시오!"

유비는 얼굴을 붉히며 화를 냈어.

"주군, 왜 안 된다고 하십니까?"

"아직 황제께서 계십니다. 황제가 계신데 내가 스스로 왕이라 칭하면 조조와 다를 것이 없지 않습니까?"

"주군과 조조를 어찌 비교할 수 있겠습니까? 거절하지 마시고 한중왕이 되어 주십시오! 역적 조조를 몰아내고 천하를 통일해 주십시오!"

장수들은 모두 한목소리로 외쳤어. 그러나 유비는 그런 짓은 조조 같

은 역적이나 할 짓이라며 절대 그럴 수 없다고 거절했지.

이번에는 제갈량이 나섰어.

"여러분, 주군께선 황제의 허락 없이는 절대 왕이 되실 분이 아닙니다. 하지만 황제 폐하는 조씨 성을 가진 조조가 제멋대로 왕이 되는 걸 보느니 주군께서 왕이 되어 이 나라를 통일하는 것을 원하실 것입니다."

그러나 유비는 고집을 꺾으려 하지 않았어.

그 모습을 본 제갈량이 빙그레 웃음을 지으며 말했지.

"사실 저희가 밀사를 허도로 보냈습니다. 황제께 이 사실을 고하고 주군을 왕으로 봉해 달라고 부탁했습니다."

"왜 그랬습니까? 나는 왕위에 오를 생각이 없대도요!"

"황제 폐하께서 이미 답장을 보내오셨습니다. 자신이 믿고 기댈 수 있는 주군을 당장 한중왕에 봉한다는 칙서를 이렇게 내려 주셨습니다."

제갈량이 칙서를 읽어 내려갔어. 유비는 무릎을 꿇고 칙서를 받았지. 그러고는 마지못해 왕위에 오르겠다고 말했어.

"신하들이 한중왕께 축하의 인사 올립니다!"

"한중왕, 만세!"

서기 219년 가을, 유비는 그렇게 한중왕의 자리에 올랐어.

유비는 제갈량에게 전군을 통솔하는 임무를 맡겼어. 그리고 오래도록 공을 세운 관우, 장비, 조운과 함께 마초, 황충을 오호 대장으로 임명했지.

한편 이 소식을 들은 조조는 이를 갈며 분통을 터트렸어.

"에잇, 촌구석에서 돗자리나 짜서 팔아먹던 놈이 왕위에 오르다니! 내 이놈을 당장 요절 내고 말리라."

조조는 직접 군사를 몰아 유비를 치려고 했어. 그러나 사마의가 말렸지.

"화가 난 상태에서 싸우는 것은 곧 지는 것이나 마찬가지입니다."

"내가 유비 따위에게 질 성싶으냐?"

"싸우지 않고도 유비를 없앨 좋은 계책이 있습니다."

사마의는 강동의 손권을 이용하자고 했어. 당시 손권과 유비는 사이가 좋지 않았어. 오래전 손권이 유비에게 형주를 빌려주었지만, 유비는 익주와 한중까지 얻고도 형주를 돌려주지 않았어. 게다가 예전에 유비와 결혼했던 손권의 여동생이 강동으로 다시 돌아온 일도 있었어. 그때 손 부인이 유비의 장남 아두(유선)까지 데려가려는 걸 장비가 다시 되찾아 왔지. 이래저래 손권과 유비는 감정까지 상한 사이가 된 거야.

사마의는 손권에게 조조와 손잡고 함께 유비를 쳐서 형주, 익주, 한중을 나눠 갖자고 제안했어. 손권은 좋은 방법이라고 생각했지만, 한 가지 걸림돌이 있었지. 그건 바로 명장 관우였어. 관우가 강동과 마주 보고 있는 형주 땅을 지키고 있어서 공격해 봐야 이길 수가 없었거든.

손권은 사마의의 제안대로 조조에게 형주 북쪽에 있는 번성으로 대군을 보내 달라고 했어. 그러면 위협을 느낀 관우가 번성으로 떠날 테고, 관우가 없는 틈에 형주를 공격하겠다는 거지.

조조는 조인에게 대군을 주어 번성으로 보냈어. 조조와 손권의 연합군이 함께 관우를 상대로 전쟁을 시작한 거야. 유비는 조인의 출정 소식을 듣고는 깊은 걱정에 빠졌어. 아무리 관우가 명장이라고 하더라도 조조와 손권이 대군을 모아 공격한다면 당해 낼 수 없을 것 같았지.

번성 출정 전날 밤 관우는 이상한 꿈을 꾸었어. 멧돼지에게 다리를 물린 거야. 불길한 꿈이었지만 관우는 다음 날 계획대로 번성을 향해 출격했어. 조인의 군사와 마주쳤을 때 관우의 청룡언월도는 번쩍번쩍 빛이 났

어. 한 번 휘두를 때마다 군사들이 나가떨어지고 길이 열렸어.

조인은 얼굴이 새파랗게 변했어. 관우가 세다는 소리는 들어 봤지만, 밀고 들어오는 모습을 보니 사람이 아닌 것처럼 보였어. 조인은 목숨만이라도 건져야겠다면서 번성으로 도망쳐 성문을 굳게 닫아걸었지.

"번성을 함락하라!"

관우의 명령에 군사들이 번성을 포위했어. 조인은 조조에게 빨리 자기를 구해 줄 원군을 보내 달라고 요청했어.

조조는 장수 우금을 총사령관인 정남 장군으로 임명했어. 또 방덕*을 선봉장으로 삼아 당장 형주를 공격하라고 명령했어.

"나의 군사들 가운데 가장 용맹한 제7군단과 함께 가라!"

예전에 마초의 부하였던 방덕은 조조가 자신을 믿지 않는다는 걸 알고 있었어. 그래서 전쟁에 나가기 전에 관을 짰지. 관우를 죽이거나 그렇지 못하면 자기가 죽겠다는 각오를 보여 준 거야.

적이 형주로 쳐들어온다는 소식을 들은 관우는 요화에게 번성을 계속 공격하도록 맡기고, 자신은 아들 관평과 함께 우금의 군사를 막기 위해 나섰어.

"여기서부터는 한중왕 유비가 다스리는 땅이다. 만약 계속 공격한다면

★ 매우 절개가 곧은 장수다. 원래 마초의 부하였다가 어쩔 수 없이 조조에 항복했다. 마초와 사촌 형이 유비 편에 있었기 때문에 조조의 신하들은 방덕이 배신하지 않을까 항상 의심했다.

너희를 모두 죽일 것이다."

적토마를 타고 달려간 관우가 천둥처럼 무서운 목소리로 외쳤어. 그러자 백마를 타고 선봉에 선 방덕이 관을 끌고 앞으로 나오며 이렇게 소리쳤어.

"적장 관우는 듣거라! 나는 그대의 목을 벤 뒤 시체를 이 관에 넣어 위왕께 바치려 한다. 이 관의 주인이 되고 싶지 않거든 당장 항복해라!"

그 말을 들은 관우는 긴 수염을 한 번 쓰다듬으며 가소롭다는 듯 코웃음을 쳤어.

"내게 감히 그런 소리를 하는 것을 보니, 세상 물정을 모르는구나. 오냐! 죽기가 소원이라면 네놈의 목을 그 관 속에 넣어 역적 조조에게 보내 주마."

관우의 말을 들은 방덕은 불같이 화를 냈어.

"아버지, 제게 맡겨 주십시오."

관우의 아들 관평이 말을 타고 나갔어.

챙챙챙, 창창창!

관평과 방덕은 막상막하로 싸웠지. 그러나 관평은 아직 방덕을 상대하기에는 역부족이었어. 힘이 부친 관평은 말을 돌려 달아날 수밖에 없었어. 그러자 관우가 적토마를 타고 청룡언월도를 휘두르며 달려갔지.

"네놈이 방덕이냐?"

"관우, 네 목을 넣을 관을 가져왔다! 이야야얍!"

방덕이 관우를 향해 칼을 휘둘렀어. 하지만 관우의 털끝 하나 건드릴 수 없었어. 그 정도로 무공의 차이가 났던 거야.

방덕은 지치기 시작했어.

'이, 이대로라면 위험해!'

방덕은 일단 후퇴하기로 마음먹었어. 하지만 그것을 눈치챈 관우가 적토마를 몰아 방덕의 앞을 가로막았어.

"이 비겁한 놈, 어디로 도망치려고 하느냐! 관 속으로 들어가라!"

그때였어. 방덕이 위기에 처했다는 걸 파악한 우금이 군사들에게 관우를 향해 화살을 쏘도록 명령했어. 정정당당하게 일대일로 싸울 때 뒤에서 화살을 쏘는 것은 참으로 비겁한 짓이었지.

관우가 방덕을 향해 청룡언월도를 휘두르려는 찰나, 우금의 군사들이 쏜 화살이 휙휙휙 날아왔지. 미처 피할 사이도 없이 화살이 곧장 관우의 왼쪽 어깨에 박혔어.

"윽! 화살을 쏘다니!"

"지금이다! 철수하라!"

방덕은 관우가 움찔하는 틈에 재빨리 말을 몰아 도망쳐 버렸어. 어깨에 활을 맞은 관우는 더 이상 방덕을 쫓지 못했어.

"장군, 괜찮으십니까?"

"아버지!"

관우의 부하 장수들과 아들 관평이 허겁지겁 달려왔어.

"허허, 별거 아니다. 가시 하나 박혔구나."

관우는 대단한 상처가 아니라며 화살을 뽑아 버렸어. 쾰콸 피가 쏟아지는 어깨에 옷을 찢어 감았지. 그런데도 관우는 얼굴 한번 찡그리지 않았어.

그사이 관우에게 혼쭐이 난 우금과 방덕은 번성에서 북쪽으로 10리나 도망쳤어. 그리고 산 아래 평지에 진을 치고 경계를 늦추지 않은 채 관우가 또 언제 공격해 올지 몰라 노심초사하고 있었어. 관우의 정찰병이 이 소식을 관우에게 알렸지.

"그곳에 진을 쳤단 말이지? 후후훗, 지금 당장 강 상류에 둑을 쌓아 그곳으로 들어가는 강물을 막아라."

그때는 비가 많이 오는 장마철이었어. 때마침 하늘에서 비가 억수같이 계속 쏟아지지 뭐야. 하늘을 올려다보던 장수들은 이대로 공격하는 것보다는 비가 그치기를 기다리는 게 좋겠다고 말했어.

"아버지, 상처도 아물어야 하니 장수들의 뜻대로 하십시오."

관평의 말에 관우는 못 이기는 척 자리로 돌아갔어. 그리고 은밀하게 장수 몇 명을 불러 명령을 내렸어.

"비가 사흘 이상 계속 내리거든 강 위로 가서 둑을 헐어 버려라."

"예?"

"우금이 진을 친 곳은 홍수가 나면 물에 잠기는 지역이야. 그러니 아무도 모르게 상류로 가서 쌓아 놓은 둑을 헐어 홍수가 나도록 해라."

관우의 명령을 받은 장수들은 일제히 고개를 끄덕였어.

그로부터 사흘 동안 비는 멈출 줄 모르고 계속되었지. 둑은 금세 넘칠 듯이 가득 찼어. 우금과 방덕은 막사 안에 틀어박혀 나올 줄 몰랐어. 관우가 쳐들어오지 않는 걸 보면 활에 맞아 큰 부상을 입은 게 틀림없다고 생각하고 안심하고 있었지.

그런데 갑자기 사방에서 집채만 한 물살이 밀려오지 뭐야? 강물이 너른 평지를 뒤덮는 건 순식간이었어.

"으아아아아악!"

"홍수다! 홍수!"

조조의 가장 용맹한 군사라는 제7군단은 제대로 싸워 보지도 못하고 물살에 휩쓸려 순식간에 물귀신이 되고 말았어. 우금과 방덕은 겨우 물 밖으로 나왔어. 하지만 거기에는 관우의 군사들이 버티고 있었지.

"기다리고 있었다, 우금!"

총사령관인 우금과 방덕은 그렇게 관우에게 사로잡히고 말았어. 우금은 제발 살려 달라고 머리를 조아리며 애걸했어. 그 모습이 너무나 비굴해 보였지.

"너 같은 놈은 죽여 봐야 내 칼이 아깝다, 이놈을 감옥에 처넣어라!"

관우는 방덕에게 항복을 권했어. 한중에 마초와 방덕의 형이 있으니, 유비 밑에서 천하통일을 함께하자고 제안했지.

방덕은 하늘을 바라보며 입을 열었어.

"위왕이 저의 주군입니다. 관 장군이라면 주군인 유 공을 배신하겠습니까? 저는 차라리 죽음을 택하겠습니다. 관 장군에게 죽는다면 저는 영광으로 알겠습니다."

관우는 칼을 들어 고통 없이 방덕의 목숨을 끊었어.

"방덕은 적장이지만 훌륭한 장수다. 장사를 후하게 지내 주어라."

관우의 군사들은 방덕을 땅에 묻고 정중하게 장사도 지냈어.

우금과 방덕이 패했다는 소식은 조조의 귀에 들어갔어. 조조는 아끼던 장수들이 죽었다는 소식에 분통을 터트리며 이를 바득바득 갈았어.

"유비 이놈, 절대 너를 살려 두지 않겠다!"

조조는 다시 군사를 정비해 유비를 공격하기로 마음먹었어. 이렇게 다시 유비와 조조의 싸움이 시작되었지.

우금을 물리친 관우는 다시 번성 공격에 나섰어.

휙휙휙!

번성에서 새카맣게 화살이 날아왔어.

관우는 또 화살을 맞게 되었지. 그런데 이번에는 관우의 상처가 쉽게 낫지 않았어. 팔에 난 상처가 시퍼렇게 부어오르더니 욱신욱신 쑤시고 살이 썩어 갔어.

"이대로 두면 아버지의 팔을 잘라야 할지 몰라. 독화살에 맞은 팔을 치료할 의원을 찾아야 해."

관평은 의원을 수소문하다 우연히 화타의 얘기를 듣게 되었어. 화타는 천하제일의 명의여서 고치지 못할 병이 없다고 했지. 관평은 그길로 말을 타고 달려가 화타를 찾아 데려왔어.

"흐음, 이미 독이 뼈에 스몄습니다. 급히 치료하지 않으면 팔을 못 쓰게 됩니다."

관우의 상처를 살펴본 화타가 말했어.

"치료만 하면 싸울 수도 있겠소?"

관우가 물었어.

"물론입니다."

"그렇다면 당장 치료하시오."

그러자 화타는 관우의 팔과 다리를 네 개의 기둥에 꽁꽁 묶으라고 지시했어.

"팔과 다리를 묶다니?"

"생살을 칼로 째야 합니다. 몸을 묶지 않으면 고통을 참지 못해 몸부림을 치게 될 것입니다. 그러면 치료를 제대로 할 수 없습니다."

그 소리를 듣고 관우는 껄껄 웃었어.

"움직이지 않을 테니 걱정하지 말고 치료하시오."

"제 앞에서 큰소리를 치는 사람은 많았지만, 막상 치료를 시작하면 모두 고통을 참지 못해 몸부림을 쳤습니다."

"나는 그럴 일 없으니, 시작이나 하시오."

관우는 윗옷을 벗었어. 그리고 부하 장수인 마량을 불러 바둑을 두기 시작했어. 마량은 제갈량의 친구였는데, 재주가 매우 뛰어난 인물이야. 눈썹에 흰 털이 있어서 '백미'라고도 불렸지. 마량은 형제가 다섯이었는데, 그중 재주가 가장 출중했어. 여럿 가운데서 가장 뛰어난 것을 비유할 때 백미라고 하는데, 마량의 별명에서 비롯된 말이기도 해.

"생살을 째는데 바둑을 둔다고요?"

화타는 걱정하며 관우를 바라보았어. 하지만 관우는 더 이상 대답하지 않았어.

"그럼 시작합니다."

화타는 화살에 맞은 관우의 상처를 칼로 갈랐어. 관우는 눈썹 하나 까딱하지 않고 바둑을 두었지. 뼈에는 독기가 스며들어 새파랗게 변해 있었어.

화타는 칼끝을 세워 뼈에 스민 독을 긁어 냈어. 보통 사람 같으면 벌써 기절해 버렸을 거야. 하지만 관우는 얼굴 한번 찡그리지 않고 태평했어. 오히려 그 모습을 지켜보던 주변 사람들이 새파랗게 질려서 고개를 돌리고 숨을 참을 정도였어.

"드디어 끝났습니다."

화타가 땀을 닦으며 혀를 내둘렀어.

"수많은 사람을 치료해 보았지만, 장군 같은 분은 처음 보았습니다. 들던 대로 하늘이 내리신 분입니다."

"고맙소, 그대에게 큰 상을 내리리다."

관우가 고마움의 표시로 보물을 주었지만, 화타는 한사코 받지 않았어.

"화타가 과연 명의는 명의로군."

화타가 치료해 준 덕분에 관우의 상처는 빠르게 아물기 시작했어.

제35장

계략에 빠진 관우

 조조는 마음 같아서는 형주를 통과해 유비가 있는 곳까지 내달리고도 남았으나 관우에게 상처만 조금 입혔을 뿐 좀처럼 진격하지 못했어. 관우가 형주에 떡 버티고 있어 공격하기가 쉽지 않았거든.
 "에잇! 당장 손권에게 형주를 치라고 전갈을 보내라. 만약 이번에도 형주를 공격하지 않으면 내가 직접 군사를 이끌고 강동을 칠 것이라고 전하라!"
 조조의 독촉을 받은 손권은 대도독인 여몽에게 형주 공격을 명령했어. 하지만 여몽은 조심성이 많은 장수였지.
 '내가 이대로 무작정 형주로 쳐들어간다면 관우에게 죽임을 당할 것이야. 다른 방법을 찾아야 해.'
 그때 여몽의 머릿속에 좋은 생각이 떠올랐어.
 여몽은 즉시 사람을 시켜 자신이 손권과 사이가 나빠졌다는 소문을 내도록 했어. 그리고 자신의 자리인 대도독에 이름이 알려지지 않은 육손을 앉혔지.

"육손, 너는 당장 관우에게 달려가 인사를 하고 오너라."

"예?"

"관우가 너를 우습게 보도록 만들어야 한다."

여몽의 말에 육손은 고개를 끄덕였어. 여몽이 관우를 방심하게 만들려는 계책을 꾸미고 있다고 생각했던 거야. 육손은 여몽의 말대로 형주로 달려가 관우에게 귀한 선물을 바치며 인사를 올렸어.

"장군, 제가 이번에 대도독이 되었습니다. 관 장군께 인사 올립니다."

"허, 새파랗게 어린 장수가 대도독이라니."

강동이 형주를 노리는 것을 천하가 다 아는데, 새로 부임했다고 적진에 와서 인사를 하는 것이 어딘가 많이 어수룩해 보였어. 관우는 육손을 애송이 취급했어. 그리고 애송이가 대도독 자리를 맡았으니 강동이 위협해 올 리는 없다고 판단했지. 하지만 여몽은 바로 이 점을 노렸던 거야. 관우가 마음 놓고 형주성을 떠나 조조 군을 공격하도록 만들 참이었던 것이지.

"이번에야말로 번성을 함락시켜 버리자."

관우는 여몽의 계략인 줄도 모르고 너무 자신만만해 있었어. 마음 놓고 군사를 끌고 형주성 밖으로 나온 것도 그 때문이야.

관우가 소수의 군사만 남겨 두고 번성으로 향한 탓에 형주성은 텅 비어 있는 것이나 마찬가지였지.

이 소식을 들은 손권이 무릎을 쳤어.

"계획대로 되었군. 비어 있는 형주를 공격할 때가 바로 지금이다!"

손권은 군사들을 상인으로 변장시킨 뒤 배에 태워 형주로 보냈어. 그리고 밤중에 기습해서 형주를 순식간에 점령해 버렸지. 형주 감옥에 갇혀 있던 우금도 조조에게 돌려보냈어.

"전하, 이번에는 관우를 끝장내야 합니다."

사마의가 조조에게 계책을 알려 줬어.

사마의의 계책대로 조조는 서황에게 군사를 이끌고 출정하라 명령했어. 곧바로 출정한 서황은 먼저 관우의 아들 관평이 지키고 있는 언성(번성의 북쪽)으로 가서 관평을 크게 비웃었지.

"관평, 이 어리석은 놈아! 형주는 이미 주인이 바뀌었다. 형주가 손권의 차지가 되었다는 소식을 못 들었느냐? 지금쯤 네 아버지 관우도 어딘가로 도망치고 있을 것이다!"

"흥, 내가 그따위 거짓말에 속을 줄 아느냐?"

관평은 어떻게든 서황의 군사들을 밀어내려 했어. 그런데 관평을 따르던 군사들이 웅성거리기 시작했지.

"서황의 말이 사실이라던데?"

"맞아. 이미 형주의 여러 성을 손권이 차지했다더라고."

군사들이 흔들리자 싸움은 순식간에 서황에게 유리해졌어.

그사이 번성 안에 있던 조조 군까지 한꺼번에 관평을 공격했어. 기세가 꺾인 관평은 언성에서 간신히 도망쳐야 했지.

한편 번성으로 진군하던 중에 뒤늦게 형주를 손권에게 빼앗겼다는 사실을 알게 된 관우는 그 사실을 믿을 수 없었어.

"말도 안 되는 소리! 놈들이 무슨 수로 형주를 차지했다는 것이냐! 그것은 적들이 우리의 사기를 꺾으려는 헛소리일 뿐이야."

관우는 손권과 조조가 퍼트린 헛소문이라고 생각했어. 하지만 뒤이어 달려온 군사로부터 아찔한 이야기를 듣게 되었지.

"장군, 서황이 이끄는 조조의 수십만 군사가 쳐들어왔습니다. 언성에 주둔해 있던 관평은 쫓기고 있고 군사들은 뿔뿔이 흩어졌다 하옵니다."

"아니, 관평이 서황 같은 보잘것없는 장수에게 질 리가 없다!"

관우는 청룡언월도를 움켜쥐었어.

그때였어.

"어이, 겁쟁이 관우는 들어라. 네놈이 형주를 고스란히 손권에게 바쳤으니 목숨은 우리 위왕에게 바쳐라. 위왕은 너그러운 분이시니 네가 순순히 항복하면 살려 줄지도 모를 일이 아니겠느냐!"

서황의 목소리를 들은 관우는 청룡언월도를 들고 말에 올라탔어. 그리고 붉게 달아오른 얼굴로 서황에게 달려갔지.

관우가 나타나자 서황은 커다란 도끼를 휘두르며 공격했어. 두 장수는 무섭게 서로 엉겨 붙었다가 떨어지기를 반복했지.

"사람들이 어째서 너를 이토록 무서워하는 것인지 모르겠구나! 실력이 녹슨 것이냐!"

서황이 도끼를 휘두르며 관우를 약 올렸어.

관우는 당장이라도 서황의 목을 베어 버리고 싶었지만, 좀처럼 뜻대로 되지 않았어. 평소 같았으면 서황을 단칼에 베었을 거야. 하지만 독화살에 맞은 상처가 다 낫지 않은 상태였어.

"으윽!"

관우는 청룡언월도를 휘두르는 것이 예전과 같지 않다는 걸 느꼈어. 팔을 움직일 때마다 활에 맞은 상처 부위가 욱신욱신 찢어지듯이 고통스러웠거든.

"분하지만 오늘은 여기까지만 하자."

관우는 말의 머리를 반대편으로 돌려 버렸어.

"서 장군, 관우가 도망가도록 이대로 두실 참입니까?"

서황의 부하 장수들이 소리쳤지만, 사실 서황은 다친 관우와 싸우는 것도 버거웠어.

"관우와 더 싸웠다간 질 수도 있다. 그러니 관우는 살려 보내고 대신 그의 군사들을 공격하라."

조조의 군사들은 서황의 명령에 따라 일제히 공격을 퍼붓기 시작했지. 관우의 군사들은 앞뒤로 공격받으면서 완전히 곤경에 처하고 말았어.

"후퇴하라! 후퇴해!"

관우의 군사들은 어쩔 수 없이 뒤로 물러났어. 그런데 도망치는 관우와 군사들을 조조 군이 계속 공격해 왔어. 결국 관우의 군사들은 조조 군에게 대패하여 대부분 죽임을 당하고 말았어.

그사이, 육손의 군사들이 관우의 부하들이 지키고 있던 성을 공격해 차지해 버렸어.

"뭐라? 형주성, 공안성, 남군성까지 모두 손권에게 빼앗겼다고?"

관우는 충격을 받고 말았어.

"예. 거기다 장군님의 가족들을 모두 여몽이 붙잡아 갔습니다."

"아, 여우 같은 여몽에게 내가 깜빡 속았구나! 이제 무슨 낯으로 형님을 뵙는단 말인가!"

간신히 막사로 돌아온 관우는 처참한 소식에 크게 탄식했어.

"아버지, 조조와 손권이 연합해서 계속 공격해 오고 있습니다. 어떻게 해야 합니까?"

관평의 목소리도 한없이 떨렸어.

관우는 자신이 죽는 한이 있더라도 빼앗긴 세 성을 다시 찾아야 한다고 다짐했어. 이대로는 유비에게 돌아갈 자신이 없었던 거야.

"살아남은 군사들은 얼마나 되느냐?"

관우의 물음에 장수들의 표정이 어두워졌어.

"얼마 되지 않습니다. 게다가 간신히 목숨을 건졌다고 해도 부상이 심한 장병들이 많습니다."

"으흠!"

관우는 곧장 부하 장수 이적에게 명령을 내렸어.

"너는 성도(익주의 중심 도시)로 가서 이 소식을 한중왕께 전하고, 지원군을 보내 달라고 요청하라."

"장군께서는 어찌하실 작정입니까?"

"나는 살아남은 군사들을 모두 이끌고 형주성으로 갈 것이다. 지원군이 오기 전에 형주성이라도 되찾아야 한다."

"하지만 장군! 너무 위험합니다!"

이적이 말렸지만, 관우는 뜻을 꺾지 않았어.

"나는 형님과 동생 장비와 함께 도원결의를 한 그날을 잊을 수 없다. 우리가 태어난 날은 달라도 한날한시에 죽기를 맹세했다. 내 목숨을 부지하기 위해 형제를 두고 적에게 항복할 수는 없다! 따라오기 싫다면 아무도 오지 마라. 형주성은 나 혼자 갈 테다!"

이튿날, 날이 밝기 무섭게 관우와 아들 관평은 남은 군사들을 이끌고

형주로 향했지. 그러나 형주로 가는 길은 가시밭길보다 더 위험했어. 관우가 올 걸 미리 알고 곳곳에 손권의 군사들이 숨어 있었던 거야.

"관우가 나타났다!"

"죽여라!"

관우는 완전 포위된 것이나 다름없었지만, 쉴 틈 없이 적병을 무찌르며 형주성을 향해 나아갔어. 그렇게 얼마나 갔을까? 완전히 지치고 지친 몸으로 마침내 형주성에 도착했어.

"자, 이제 저 성만 되찾으면 된다!"

관우가 성문을 부수고 들어가려던 참이었어. 어디선가 익숙한 울음소리가 들려왔어. 관우의 가족들이 울부짖는 소리였지.

"아버님!"

"여보, 저희를 살려 주세요!"

관우가 어떻게든 형주성으로 되돌아올 것으로 생각한 여몽이 가족을 인질로 붙잡고 있었던 거야. 가족들의 울부짖는 소리를 들은 관우는 멈칫했어.

"크크크, 이게 전부가 아니다. 기다려라."

여몽은 관우를 따르는 군사들의 가족들마저 성 앞으로 끌고 나왔어. 그 모습을 본 관우의 군사들은 싸울 용기를 잃고 말았지.

"저, 저희는 싸움을 포기하겠습니다!"

"장군, 제발 제 가족을 살려 주십시오!"

관우의 군사들은 무기를 버리고 엎드려 울었어. 그 모습을 본 관우는 한숨이 터져 나왔지. 뒤늦게 관우를 쫓아온 관평도 울부짖으며 말했어.

"아버님, 지금은 형주성을 되찾을 수 없습니다. 차라리 지원군이 올 때까지 기다리십시오."

"맥성은 안전한가?"

"예, 아직 그곳은 빼앗기지 않았습니다."

"모두 맥성으로 가자."

관우는 군사를 몰아 맥성으로 들어가 성문을 굳게 닫고 방어 태세를 갖추었지. 손권의 군사들이 계속해서 맥성을 공격했지만, 관우는 꼼짝도 하지 않았어. 유비가 지원군을 보낼 때까지 기다리려 했던 거야.

"아버님, 어째서 지원군이 오지 않는 걸까요?"

"한중왕께서 저희를 버리시는 게 아닐까요?"

관평과 부하들이 두려움에 떨며 말했어.

"그럴 리가 없다."

관우는 단호하게 말을 막았어.

손권의 군사들은 날마다 맥성을 공격해 왔어. 이대로라면 일주일, 아니 사흘도 버틸 수 없을 지경이었지.

"장군, 식량마저 바닥이 났습니다."

"군사들이 도망치고 있다고 합니다. 이제 맥성을 지키는 군사는 고작 300명도 되지 않습니다."

"흠!"

보고를 받은 관우는 아무래도 자신이 직접 유비를 만나러 가야겠다고 생각했어. 부하 장수인 주창과 왕보에게 맥성을 지키도록 명령하고 자신은 관평과 함께 군사 200여 명을 이끌고 맥성을 빠져나갈 참이었지.

"아버님, 이 작전은 너무 위험합니다!"

"망설일 시간이 없다. 어떻게든 지원군을 데려와야 한다."

새벽 무렵, 관우는 군사를 이끌고 맥성을 빠져나왔어. 하지만 손권의 군사들이 이미 어둠 속에 몸을 숨기고 있었지.

"관우가 나타났다!"

"공격하라!"

관우는 질풍처럼 적토마를 달리며 청룡언월도를 휘둘렀어. 손권의 군사들이 우수수 바람에 떨어지는 낙엽처럼 쓰러졌지. 베고, 베고 또 베었지만, 적들은 끊임없이 달려들었어. 수천 명이 넘는 군사들을 관우 혼자 감당하기란 쉬운 일이 아니었어.

관우가 간신히 복병을 따돌리고 한숨을 돌리며 주변을 보자 살아남은 군사의 수가 몇십 명에 지나지 않았어.

"산길로 도망치는 것이 좋겠다."

관우는 지친 몸을 이끌고 산길로 들어갔어. 그 순간, 칠흑 같은 어둠 속에서 적의 함성이 울려 퍼지는 게 아니겠어?

"관우가 나타났다!"

함성과 함께 산 위에서는 바윗돌들이 우르르 굴러오기 시작했어. 바윗돌에 맞은 말들이 소리를 지르며 몸을 비틀었어. 결국 관우도 말에서 떨어지고 말았지.

"아버님!"

"나는 여기서 죽지 않는다! 관평아, 내 뒤를 따르거라!"

관우는 청룡언월도를 치켜들었어. 하지만 수풀 속에서 나타난 군사들이 눈 깜짝할 사이에 관우와 관평을 에워쌌지.

"관우를 붙잡아라!"

"관평이 저기 있다!"

군사들은 그물을 던져 관우와 관평을 붙잡았어.

"이토록 치밀하게 수를 짰을 줄이야!"

관우는 이를 악물었어.

군사들은 관우와 관평을 꽁꽁 묶어서 여몽 앞으로 끌고 갔지.

"이게 누구신가! 관우 장군 아니시오?"

관우를 본 여몽이 활짝 웃음을 지었어.

손권은 평소 관우의 무공을 높이 사고 있었지. 관우를 얻는다면 두려울 것이 없겠다던 말을 입버릇처럼 해 왔어. 그건 여몽도 마찬가지였어.

"관 장군, 나는 오래전부터 장군을 존경해 왔소. 지금이라도 나에게 항복한다면 얼마든지 높은 자리를 주겠소."

여몽의 말에 관우는 두 눈을 부릅떴어.

"이놈, 더 이상 내 이름을 더럽히지 마라. 차라리 어서 빨리 나를 죽여라! 내가 살아 있는 한 유비 형님을 배반하는 일은 없을 것이다. 네놈은 역적의 수하일 뿐이다!"

그 말에 화가 난 여몽은 당장 관우를 죽이라고 명령했지.

"형님, 부디 못난 동생을 용서하시고, 천하통일을 이루십시오!"

관우는 뜨거운 눈물을 흘렸어.

결국 관우와 관평은 적진에서 그렇게 죽임을 당하고 말았어. 서기 219년, 관우의 나이 쉰여덟이었지.

맥성에 남아 있던 관우의 부하 장수인 주창과 왕보는 관우가 세상을 떠났다는 소식을 듣고 스스로 목숨을 끊었어. 그리하여 맥성마저 손권에게 점령당하게 되었지.

제36장

관우의
귀신에 쫓긴
조조

　성도에 머무르고 있던 유비는 관우의 죽음을 전혀 알지 못했어. 그도 그럴 것이 관우가 유비에게 보낸 장수 중 누구 하나도 도움을 청하러 가지 못하고 중간에서 죽임을 당했던 거야. 유비는 관우가 형주성을 잘 지키고 있을 거라고만 생각했지.

　그런 어느 날 밤, 유비는 악몽을 꾸었어.

　늦은 밤까지 책을 읽고 있었는데 갑자기 소름이 돋더니 온몸이 와들와들 떨리고 식은땀이 흘렀어. 이게 대체 무슨 일인가 하고 주위를 두리번거리던 그때, 찬바람이 휙 불더니 촛불이 어지럽게 춤을 췄어.

　"누구냐?"

　유비는 방 안으로 소리 없이 불쑥 들어오는 그림자를 보고 놀라 소리쳤어. 그림자는 유비를 향해 가만히 서 있기만 할 뿐 아무런 대꾸도 하지 않았지.

유비는 버럭 고함을 질렀어.

"대체 넌 누구냐?"

그 순간, 유비의 눈에 익숙한 모습이 들어왔어. 그것은 관우가 움켜쥔 청룡언월도의 그림자였지. 유비는 그림자의 정체가 관우라고 확신했어. 그래서 그림자를 향해 가까이 다가가며 관우의 이름을 불렀어.

"관우냐?"

"흑흑흑······."

하지만 그림자는 아무 말도 하지 않고 흐느껴 울기만 했어.

"그러지 말고 가까이 와서 얼굴을 보이거라."

유비가 그림자의 어깨를 붙잡으며 말했어. 순간, 그림자가 천천히 고개를 들었어.

"으악!"

놀란 유비가 뒷걸음질을 쳤어. 고개를 든 관우가 눈물 대신 붉은 피눈물을 뚝뚝 흘리고 서 있었던 거야. 게다가 관우의 얼굴빛 또한 산 사람 같지 않았어.

"아우야! 형주성에 무슨 일이 있느냐?"

"형님, 이 관우의 원한을 풀어 주십시오!"

관우는 피눈물을 흘리며 말했어.

"관우야, 대체 무슨 일이냐?"

유비가 자초지종을 물으려 관우의 어깨를 붙잡으려고 할 때, 관우의

몸이 바람처럼 쓱 사라져 버리고 말았어.

화들짝 놀란 유비는 두 눈을 번쩍 떴어. 관우가 눈앞에 있는 것처럼 생생했는데 꿈이었던 거야.

"이게 무슨 징조란 말인가! 이토록 불길한 꿈을 꾸다니!"

유비는 곧장 제갈량을 불러 꿈 이야기를 했어.

"제갈 군사, 아무래도 관우에게 무슨 일이 생긴 것 같습니다. 당장 관우를 불러들여야겠습니다."

"걱정 마십시오. 날이 밝으면 관우 장군에 대해 알아보겠습니다."

제갈량은 유비를 안심시켰어. 하지만 유비는 불안한 표정으로 밤새 방 안을 서성거렸지.

다음 날 일찍 제갈량에게 급한 보고가 들어왔어.

"관 장군께서 손권에게 붙잡혀 그만 목숨을 잃었다는 흉흉한 소문이 있습니다."

"뭐? 뭐라고 했느냐?"

제갈량은 낮게 신음 소리를 냈어.

"아, 어젯밤에 동쪽의 큰 별이 꼬리를 길게 끌며 떨어지는 것을 보았는데, 그것이 관 장군의 별이었구나. 너무 충격적인 소식이니 전하께는 지금 당장 알리지 않는 게 좋겠다."

제갈량은 당분간 관우의 죽음을 감추려 했어. 하지만 유비는 다른 통로로 관우의 소식을 듣고 말았어.

"다시 말하거라. 뭐라고 했느냐? 내 아우 관우가 죽었단 말이냐? 그게 정말이냐?"

유비는 자리에 털썩 주저앉아 울음을 터트렸어.

"과, 관평은 어찌 되었느냐?"

"관평도 함께 죽었고, 부하 장수인 주창과 왕보도 맥성에서 자결했다 하옵니다. 관우 장군의 식솔들도 모두 손권의 손에 죽임을 당했습니다."

"아아, 하늘이시여!"

관우의 죽음을 알게 된 유비는 충격을 받고 그 자리에서 쓰러져 한동안 일어나지 못했어.

"으흐흑, 관우 형님! 우리는 한날한시에 죽자고 맹세했잖소! 이게 어찌 된 일이오? 으흐흐흑!"

장비도 땅바닥을 두드리며 통곡했어. 다른 장수들도 비통에 잠기긴 마찬가지였지.

"형님, 나는 이대로는 못 참겠소!"

장비는 당장 관우의 원수를 갚겠다며 날뛰었어. 다른 장수들도 관우의 죽음을 받아들이지 못하겠다는 표정이었어. 천하를 호령하던 관우가 죽었다는 걸 믿지 못하는 사람들도 있었지.

"내 기어코 아우의 원수를 갚고 말겠다. 손권, 그놈을 죽이기 전에는 결코 눈을 감지 않겠다!"

유비는 숨을 거칠게 몰아쉬며 복수를 다짐했지.

관우가 죽고 형주성이 손에 들어왔다는 소식을 들은 강동의 신하들은 기분이 좋아 손권에게 한껏 들뜬 목소리로 말했어.

"눈엣가시 같던 관우도 죽이고 형주성도 차지했으니, 유비든 조조든 이제 우리 강동을 함부로 볼 수 없을 것입니다."

하지만 손권은 기쁘지만은 않았어.

"흐음!"

손권은 유비가 복수를 해 올까 봐 두려웠던 거지.

"이 일로 독이 바짝 오른 유비가 우리를 공격하면 어찌하느냐? 유비 곁에는 아직 용맹한 장수들도 많고 제갈량도 있으니 절대 만만히 볼 수는 없어."

"그, 그건……."

손권의 부하 장수들은 머리를 굴리더니 이렇게 대답했어.

"관우의 목을 조조에게 보내시면 어떻겠습니까? 유비에게 모든 일은 조조가 시켜서 한 일이라고 딱 잡아떼는 겁니다."

"맞습니다. 조조가 형주성을 공격하라고 우리를 부추겼으니 책임도 조조가 져야지요!"

손권은 좋은 생각이라며 당장 관우의 목을 조조에게 보냈어.

관우의 목을 받은 조조는 한동안 아무 말도 하지 못했어. 적이었지만 서

글품마저 느꼈지. 조조는 한때 자신이 거느렸던 장수이자 존경했던 관우를 함부로 대할 수는 없었어.

"관우의 장례를 성대하게 지내 주어라. 그리고 황제께 아뢰어 관우를 형주의 왕으로 봉하도록 하여라."

조조는 자신이 그토록 아끼던 영웅의 죽음을 보자 마음이 착잡해서 견딜 수가 없었어.

반면 손권은 날이면 날마다 승리를 축하하는 술판을 벌였어. 모든 책임은 조조에게 돌리고 자신은 그토록 갖고 싶어 하던 형주 땅을 차지했으니, 기분이 날아갈 듯했던 거야.

"여몽 장군, 이 술잔을 받으시오! 그토록 원하던 형주를 차지했으니, 장군이야말로 충신 중의 충신이오."

여몽은 손권이 내민 술잔을 받아 들었어. 그 순간 이상한 일이 벌어졌어. 술잔을 물끄러미 바라보던 여몽이 갑자기 일그러진 표정으로 고함을 지른 거야.

"손권, 이 쥐새끼 같은 놈아! 내가 여몽으로 보이느냐? 내가 비록 네 손에 죽었으나 네 목숨도 같이 가져가야겠다. 내가 누군지 알아보겠느냐?"

"뭐, 뭐라고?"

"나는 관우다! 네 손에 억울하게 죽은 관우란 말이다!"

여몽은 술잔을 내동댕이치고 손권의 목을 조르기 시작했어. 그 모습을

본 다른 장수들이 놀라서 여몽을 억지로 떼어냈지.

"이보시오, 도독!"

"내 기필코 너희에게 복수할 것이다!"

여몽은 손권을 향해 두 눈을 부릅뜨고 외쳤어. 그러고는 미쳐서 길길이 날뛰는데, 눈과 귀와 입과 코에서 피가 콸콸 쏟아졌어. 여몽은 그 자리에서 고꾸라져 고통스러운 얼굴로 죽고 말았지.

"과, 관우의 혼령이 여몽을 죽였다!"

잔치판은 아수라장이 되었어. 여몽이 피를 쏟아 내며 죽는 모습을 두 눈으로 본 사람들은 두려워서 잠을 잘 수 없을 지경이었지.

"관우가 우리에게 복수하려는 거야!"

"아이고, 이 일을 어쩐다!"

관우를 죽여 여몽이 벌을 받은 거라고 백성들 사이에 소문이 퍼졌어. 겁에 질린 손권은 밤마다 잠을 이루지 못하고 벌벌 떨기만 했지. 심장이 얼마나 쪼그라들었는지 작은 소리에도 놀라 비명을 지르고 몸을 바짝 움츠렸어.

"관우 귀신은 들어라. 일은 조조가 꾸민 것이니 조조를 죽여라! 복수해야 할 대상은 내가 아니라 조조란 말이다!"

손권은 밤마다 이렇게 외쳤지.

이 무렵, 위왕 조조는 낙양에 머물고 있었어.

"으아아악!"

평온하게 잠을 자던 조조가 비명을 지르며 일어났어. 온몸은 식은땀으로 흠뻑 젖어 있었지. 밤마다 청룡언월도를 휘두르며 관우가 덤벼드는 꿈을 꾼 거야.

"으아아아악! 관우가 왔다! 이번에는 죽은 부하들까지 모조리 끌고 와서 나를 괴롭히는구나!"

조조는 밤마다 살려 달라고 고래고래 소리를 질렀어.

"새로 궁궐을 지어 옮기면 관우의 망령을 몰아낼 수 있지 않을까?"

조조는 최고의 장인을 불러 어마어마하게 큰 궁궐을 짓기 시작했어. 그런데 큰 궁궐을 지으려면 아주 튼튼하고 큰 대들보가 필요해.

장인은 대들보로 쓸 만한 수백 년 된 배나무가 있다며 그 나무를 구해 와야 한다고 했어. 그런데 조조가 직접 일꾼들을 이끌고 가서 배나무를 베려고 하자 마을 사람들이 달려 나와 말렸어.

"이 나무는 수호신이 머무는 신령한 나무라서 절대 베면 안 됩니다."

하지만 일꾼들은 나무를 베기 위해 힘껏 도끼를 휘둘렀어. 그런데 톱으로 베고, 도끼로 찍어도 배나무는 꿈쩍도 하지 않았어.

"천하가 내 것인데, 감히 배나무 따위가 내가 하려는 일을 막는다는 게 말이 되느냐?"

조조는 직접 칼을 들고 배나무를 내려쳤어. 그런데 놀라운 일이 일어났어. 배나무에서 새빨간 피가 콸콸콸 쏟아져 나오는 게 아니겠어? 피는 조조의 온몸을 뒤덮었어. 그때부터 조조는 이유 없이 시름시름 앓기 시작했지. 신하들이 최고의 명의란 명의는 다 불러왔지만, 조조를 치료하지 못했어.

그러다가 나이 든 의원 한 사람이 찾아왔어. 독화살에 맞은 관우를 치료한 명의 화타였어.

"전하, 이 약을 드시면 잠이 들 터인데, 그때 제가 머리뼈를 갈라 머릿속을 치료해 보겠습니다."

"뭐라고? 네놈이 지금 내 머리를 자르겠다는 것이냐? 그 고통을 어찌하라는 거냐!"

"전에 관우라는 장수를 치료한 적이 있는데, 그분은 생살을 째고 뼈에 있는 독을 긁어 내는 동안 눈썹 하나 까딱하지 않았습니다."

화타가 관우를 치료한 이야기를 하자 조조는 더 화를 내며 날뛰었어.

"뭐? 관우? 네가 지금 관우의 복수를 하려고 그러는 것이냐? 당장 이놈을 끌고 가 100대를 쳐라!"

그렇게 명의 화타는 조조가 내린 매를 맞고 그만 목숨을 잃고 말았어.

밤이 되면 조조의 눈앞에 그동안 자기가 죽였던 사람들이 나타나 달려들었어. 그럴 때면 칼을 들고 미친 사람처럼 날뛰었어.

"내가 그동안 지은 죄를 하늘이 벌하려는가 보구나. 내 명은 이제 다 했나 보다."

조조는 사마의 등 신하를 불러 유언을 남겼어.

"내 아들 넷 중에서 장남 조비에게 내 뒤를 잇게 하라. 그래서 반드시 유비와 손권을 물리치고 천하통일을 이루도록 하라."

그 말을 남긴 채 조조는 세상을 뜨고 말았지.

서기 220년, 난세의 간웅이라던 조조의 나이 예순여섯이었지.

"조조가 관 장군의 귀신에 시달려 결국 죽었다고 합니다."

유비는 뒤늦게 조조의 죽음을 알게 되었어.

"조조가 죽었다고? 아, 관우가 죽어서도 나를 위해서 애를 썼구나. 그래서 조조 뒤는 누가 잇는다고 하더냐?"

"장남 조비라고 합니다."

조조의 뒤를 이어 위왕에 오른 사람은 장남 조비였어.

"나는 아버님처럼 귀신을 두려워하지 않는다."

젊은 조비는 기세가 당당했지. 사마의는 조비에게 왕보다 더 높은 황제의 자리에 오르라고 권했어.

"황제라니! 나를 역적으로 만들 것인가?"

조비가 버럭 화를 냈어. 한나라의 황제가 살아 있는데 황제에 오르라는 것은 반역을 하라는 뜻이었거든.

"전하, 나라가 혼란합니다. 이 틈을 타서 한나라를 대신할 새로운 나라를 일으켜야 합니다. 그래야 천하통일을 이룰 수 있습니다. 그것이 바로 선왕의 뜻입니다."

결국 조비는 사마의의 말대로 하기로 했어. 허수아비나 다름없는 한나라의 황제인 헌제에게 강제로 옥새를 빼앗고 자기 신하로 만들어 먼 곳으로 보내 버렸어.

"이제 한나라는 없다. 대신 내가 세운 위나라가 있을 뿐이다!"

이렇게 400년의 역사를 이어 온 한나라는 멸망하고 말았어.

조조는 위왕이라는 칭호를 가지고 있었지만, 정식으로 나라를 세운 것은 아니었어. 아들 조비는 '위'라는 나라를 세우고 허도에서 낙양으로 도읍도 옮겼지.

조비가 한나라를 없애고 새로운 황제가 되었다는 소식은 유비의 귀에도 들어갔어.

"역적 놈들! 나라를 빼앗고, 황제의 자리마저 빼앗다니! 내가 이렇게 싸우는 것도, 관우가 죽은 것도 모두 한나라를 위해서였건만!"

유비는 상복을 입고 밤낮으로 통곡했어.

"형님, 관우 형님의 일로도 크게 앓으셨는데 이렇게까지 슬퍼해선 안 됩니다. 이러다 건강이 상하면 어쩌려고요!"

장비가 그만 울며 말릴 정도였어.

"나는 동생도 지키지 못하고 나라도 지키지 못한 무능한 사람이다. 내가 어찌 제때 밥을 먹고 제때 잠을 자겠느냐?"

유비는 밤마다 대성통곡을 했어. 그렇게 슬퍼하던 유비는 결국 병이 들어 자리에 눕고 말았지.

제37장

배신당한 장비

 어느 날, 양강에서 물고기를 잡던 어부가 그물에 걸린 황금 도장을 발견했어. 어부는 그 도장이 예사로운 물건이 아닐 거라고 생각했지.
"이걸 한중왕께 바쳐야겠다!"
어부는 성도로 달려왔어.
"헉, 이것은!"
어부가 가져온 도장을 살펴보던 제갈량은 깜짝 놀랐어.
"왜 그러십니까?"
장비가 묻자, 제갈량이 두 눈을 휘둥그레 뜬 채 대답했어.
"이것이야말로 진짜 한나라 황실의 옥새입니다! 낙양에서 반란이 일어났을 때 자취를 감추었다던 천자의 도장이란 말입니다."
"에이, 말도 안 되는 소리입니다. 조비가 황제 폐하를 몰아내고 옥새까지 가로챘다는 것은 어린아이도 다 아는 사실 아닙니까?"

장비의 말에 제갈량이 고개를 가로저었어.

"황제께서는 조비에게 가짜 옥새를 주었던 것이 틀림없습니다."

"헉, 그 말이 사실입니까?"

"이것은 필시 한중왕께서 한나라 황실의 전통을 이어받으라는 하늘의 뜻입니다. 진짜 옥새가 전하께 들어왔으니, 이것이야말로 하늘의 뜻이 아니겠습니까?"

제갈량의 말에 장비가 부랴부랴 유비를 찾아갔어. 장비는 유비에게 옥새를 보여 주며 당장 황제가 되어야 한다고 말했지.

"장비야, 나는 소중한 사람도 제대로 지키지 못한 사람이다. 그런 내가 어찌 한나라 황실의 뜻을 이어받겠느냐?"

"형님, 형님은 더 크고 대단한 일을 해야 할 사람이오! 이대로 조조의 자식에게 한나라의 역사와 전통을 물려주려는 건 아니겠지요?"

"흐음!"

결국 유비는 부하 장수와 신하들의 뜻을 받아들였어.

때는 221년, 유비는 황제의 자리에 올랐어. 나라 이름을 한★이라 하고, 연호는 '장무'라 고쳐 쓰게 했지. 이 나라가 바로 촉나라야.

맏아들 유선을 태자로 삼고 군사 제갈량은 승상에 임명했어. 그렇게 유비는 촉나라의 황제가 되었지만 얼굴에는 그늘이 가득했어. 억울하게

★ 한나라의 뒤를 이어 나라 이름을 '한'이라고 정했지만, 한나라와 구별하기 위해 '촉한(촉 땅의 한나라)' 또는 '촉나라'라고 부른다.

죽은 관우의 원수를 아직 갚지 못한 탓이었지. 유비는 관우만 생각하면 원통하기 그지없었어.

"관우가 죽은 지도 1년 반이나 흘렀다. 그런데 나는 복수도 하지 못하고 아무것도 못 한 채 허송세월만 보내고 있지 않은가. 이래서야 어찌 사람의 도리를 다 했다 할 수 있겠는가?"

유비는 자나 깨나 강동을 쳐서 관우의 원수를 갚고 싶다는 생각뿐이었어. 그러자 장비가 앞으로 나섰지.

"형님, 그 일은 내가 맡겠습니다."

"하지만 손권의 세력이 너무 커졌다. 섣불리 공격할 수 없어."

"에잇, 형님은 언제부터 그리 겁쟁이가 되셨소?"

장비 역시 관우의 죽음을 슬퍼하기는 마찬가지였어. 장비는 밤마다 술에 취해 관우와 함께했던 때를 떠올리며 유비에게 투덜거렸어.

"형님, 우리가 복숭아밭에서 약속한 것을 잊으셨소? 우리가 태어난 날은 달라도 죽는 날은 한날한시로 함께하자고 하지 않았소! 그러니 내게 관우 형님의 원수를 갚을 기회를 주시오."

"생각 같아선 나도 당장 쳐들어가고 싶구나!"

유비도 장비와 같은 마음이었어. 하지만 제갈량은 전쟁을 반대했어. 황제가 군사를 움직이는 것은 천하를 위하는 것이지 사사로운 형제의 복수를 위해서 하는 게 아니라고 말이야. 제갈량의 말을 들은 장비는 분통을 터트렸어.

"그런 건 알 바 아니오. 난 혼자서라도 관우 형님의 원수를 갚으러 갈 거요!"

"네가 간다면 나도 간다."

급기야 유비가 동조했어.

"저도 가겠습니다."

조운마저 앞으로 나섰어.

"안 됩니다. 지금은 때가 아닙니다. 이 일은 너무 위험합니다! 조비가 언제 우리를 공격할지 모를 일입니다."

제갈량이 계속 말렸지만, 유비는 뜻을 굽힐 생각이 없었어.

"승상은 여기에 남아 성도를 지켜 주십시오."

유비는 제갈량과 신하들 앞에서 강동 정벌 계획을 정식으로 발표했지.

"모든 신하는 들으시오. 나는 장비를 정벌군의 대도독으로 임명하고 수군 도독에 황권을 임명하겠소. 선봉 장군에 황충, 마량을 임명할 것이니 당장 강동을 정복하시오. 조운 장군은 여기 남고 마초와 위연도 남아서 성도를 지키시오."

장비가 가슴을 쾅쾅 내리치며 큰소리를 쳤어.

"다들 걱정하지 마시오! 나 대도독 장비가 낭중으로 돌아가 군사들을 끌고 남쪽으로 진군해서 강동으로 들어가겠소."

유비도 결의에 찬 목소리로 말했어.

"이번에는 내가 직접 출격할 것이오. 내가 직접 대군을 끌고 강주로 가서 장비의 군사와 합류할 것이니 모든 장수는 준비를 서둘러 주시오."

"예!"

낭중으로 돌아간 장비는 출정 준비를 서두르며 부하들에게 명했어.

"사흘 안에 모든 준비를 마치도록 하라!"

"예? 그건 불가능합니다. 출전을 준비하려면 아무리 짧게 잡아도 열흘은 걸릴 것입니다."

부하 장수들의 대답에 장비가 호통을 쳤어.

"뭐? 지금 당장 쳐들어가도 시원치 않을 판에 열흘씩이나 시간을 잡아먹겠다고? 내 명령대로 사흘 안에 모두 준비하도록 해!"

하지만 전쟁 준비가 그렇게 쉬운 건 아니었어. 군사들은 사흘 만에 준비를 마치지 못했어. 수십만 명의 대군이 움직이는 일이니 당연했지.

"내가 사흘 안에 준비를 마치라 명령하지 않았느냐?"

마음이 다급했던 장비는 불같이 화를 냈어. 그리고 준비 임무를 맡은 장수인 범강과 장달을 처벌했지.

"장군, 이건 너무합니다."

범강과 장달은 말도 안 되는 명령도 기가 막힐 노릇인데, 그 일을 하지 못했다는 이유로 매질까지 당하자 억울해 견딜 수가 없었어.

"에잇, 이대로는 못 참겠소. 대체 우리가 왜 매를 맞아야 하는 거요?"

"맞소. 차라리 우리가 장비를 죽여 버립시다!"

화가 머리끝까지 치솟은 범강과 장달은 장비를 죽이기로 마음먹었어.

장비는 밤마다 술에 취해 있었어. 관우가 죽은 이후부터 슬퍼서 술을 마셨고, 유비가 군사를 일으키지 않아 속이 상해 술을 마셨어.

그날도 장비는 술에 잔뜩 취해 잠이 들었지. 범강과 장달은 장비의 침소로 몰래 숨어들었어.

"형님…… 이 장비가 어떻게든 복수해 드리리다!"

장비가 중얼거리는 소리가 들렸지.

"히익! 장비가 깨어 있잖아!"

범강과 장달이 놀라 기겁했어. 하지만 장비는 눈을 뜨고 잠을 자고 있었던 거야. 범강과 장달은 장비가 깨기 전에 칼을 내리꽂았어.

"으흡! 너, 너, 감히!"

장비는 두 눈을 부릅뜨고 허공을 노려보다가 결국 죽음을 맞이했지. 혼자서 100명을 물리칠 정도로 강한 무사였던 장비는 제대로 싸워 보지도 못하고 목숨을 잃었어. 허무하기 짝이 없는 죽음이었지.

"우리가 살려면 어쩔 수 없어."

범강과 장달은 장비의 목을 베어 강동으로 향했어. 그리고 손권에게 바치며 항복했지.

"대체 이게 무슨 날벼락이냐! 내 아우 장비마저 죽다니!"

뒤늦게 이 사실을 알게 된 유비는 하늘이 무너질 것 같은 심정이었어.

유비는 그 자리에 그대로 털썩 주저앉고 말았어.

"우리 형제가 다 죽고 나만 살았구나!"

유비는 땅을 치며 목 놓아 통곡하다가 이내 기절하고 말았어.

그 후, 유비는 며칠 동안 자리에서 일어나지 못했어. 그 모습을 본 제갈량은 걱정스러운 표정으로 말했어.

"폐하, 이러다 원수를 갚기는커녕 도리어 큰 화를 당하실까 두렵습니다. 부디 옥체를 보전하소서."

"승상, 두 아우조차 지키지 못한 내가 무슨 낯으로 살아 있겠습니까? 장비를 죽인 범강, 장달은 이미 도망쳐 손권에게 장비의 목을 갖다 바쳤다니 이 일을 어쩌면 좋습니까!"

유비가 탄식할 때, 젊은 장수 하나가 유비에게 달려와 무릎을 꿇었어.

"폐하, 저는 장비의 아들 장포이옵니다. 저에게 아버지의 원수를 갚을 기회를 주십시오."

장포의 모습을 본 유비가 눈물을 글썽였어.

"장포야, 네 아비를 참 많이 닮았구나. 오냐, 가자. 복수해야지! 내가 너를 선봉에 세울 터이니 반드시 공을 세우도록 하여라."

그때 또 한 명의 장수가 달려왔어. 그는 관우의 아들인 관흥이었지. 아버지인 관우를 쏙 빼닮은 관흥의 모습을 본 유비는 눈물을 흘리며 반가워했어.

"저도 아버지의 복수를 하고 싶습니다."

"그래, 너희가 있어 든든하구나! 강동을 완전히 섬멸하고, 손권의 목을 베어 버리자!"

촉나라의 대군이 전열을 갖추었어. 유비는 황금 마차에서 내려 적군의 동태가 어떠한지 보고를 받았지.

"폐하, 제게 선봉을 맡겨 주십시오. 누구보다 먼저 아버지의 원수를 갚고 싶습니다."

가장 먼저 유비에게 나갈 기회를 달라고 말한 건 관흥이었어. 그러자 장포가 그것만은 양보할 수 없다며 앞으로 나섰어.

"선봉은 제가 맡을 것입니다."

"어허, 전쟁터에서 서로 도움을 주지는 못하고 이 무슨 버릇없는 행동이냐?"

보다 못한 유비가 관흥과 장포에게 호통을 쳤어. 하지만 두 사람은 선봉을 포기할 수 없다며 고집을 피웠지.

유비는 아버지의 복수를 하고 싶어 하는 두 사람의 마음을 모른 척할 수 없었어. 하지만 둘 다 선봉으로 내세우는 일은 위험하기 짝이 없었지. 잠시 생각에 잠겼던 유비가 입을 열었어.

"그럼 좋다. 두 사람이 무예를 겨뤄 이기는 사람에게 선봉을 맡기도록 하겠다. 모두 활을 준비하여라."

유비는 군사를 시켜 100보 앞에 깃발을 세우게 했어. 그리고 깃발에

붉은 점을 찍어 그것을 과녁으로 삼았지.

"저 과녁을 명중시키는 사람이 선봉이 될 것이다."

먼저 장포가 활을 쏘았어. 장포는 화살 세 개를 연달아 쏘았는데 모두 붉은 점에 명중했어.

"과연 장비의 아들이로다!"

유비가 무릎을 쳤어.

이번에는 관흥이 활을 들고 나섰어.

"저 과녁쯤은 저도 충분히 명중시킬 수 있으니 더 어려운 과녁을 맞히겠습니다."

때마침 하늘에는 기러기 떼가 날고 있었지.

"저는 저 기러기 중 앞에서 세 번째 놈을 쏘아 떨어뜨리겠습니다."

관흥은 시위를 당겨 화살을 쏘아 올렸어.

쌩, 바람을 가르며 날아간 화살은 정확히 세 번째 기러기를 맞혀 떨어뜨렸지. 관흥의 활 솜씨를 본 사람들은 감탄을 터트렸어.

"역시 그 아버지에 그 아들이라더니, 관우 장군의 젊은 시절 모습과 똑같소!"

그 모습을 본 장포는 아버지가 생전에 쓰던 장팔사모를 들고 나와 소리쳤어.

"이번에는 창으로 겨뤄 보자!"

"나는 칼로 너를 상대하겠다!"

관흥이 긴 칼을 들고 맞서려고 했어.

그 모습을 본 유비가 둘을 큰 소리로 꾸짖었지.

"이게 무슨 짓들이냐?"

"……."

"관흥, 장포, 너희는 모두 내 자식이나 마찬가지다. 그러니 오늘부터 형제처럼 사이좋게 지내도록 하여라."

유비의 말을 들은 두 사람은 고개를 숙였어.

"누가 더 나이가 많으냐?"

"장포가 관흥보다 한 살이 더 많습니다."

"그래, 그렇다면 이제 장포 너는 관흥의 형이다. 목숨을 걸고 형제를 지키도록 하라."

"예!"

"관흥은 무슨 일이 있어도 장포를 따르도록 하여라."

"예."

유비는 장포와 관흥을 앞세워 손권을 공격할 준비를 하기 시작했어. 젊은 두 장수의 활약은 눈이 부실 정도로 뛰어났어. 유비는 입에 침이 마르게 두 장수의 기상을 칭찬했지.

제38장

유비의
마지막 말

"공격! 공격하라! 남김없이 쓸어버려라!"

유비가 진두지휘하는 촉나라 군이 손권의 강동 군을 무찌르며 거침없이 앞으로 나아갔어. 가장 선봉에서 활약하는 두 장수는 장비의 아들 장포와 관우의 아들 관흥이었지. 장포와 관흥은 아버지를 죽인 원수를 갚기 위한 복수심에 불타올라 누구도 막을 수 없었어.

강동 군은 촉나라 군의 공격에 쫓기고 또 쫓겼어. 이대로라면 머지않아 강동은 끝장날 판이었지.

"전하, 저들의 기세가 무섭습니다. 우리가 궁지에 몰린 것은 장비와 관우를 죽였기 때문이옵니다."

신하들이 손권에게 말했어.

"나도 안다. 하지만 죽은 장비와 관우를 살릴 수도 없지 않느냐? 어찌하면 좋겠느냐?"

손권은 전전긍긍하며 불안에 떨었어. 강동의 전력도 만만치 않았으나 복수심에 불타는 유비 군의 기세는 막을 수 없었지.

"제게 묘책이 있습니다. 관우를 죽인 자는 여몽이고, 장비를 죽인 자는 범강과 장달이옵니다. 여몽은 이미 죽어 없으나, 범강과 장달은 살아 있습니다. 그들을 잡아서 장비의 머리와 함께 유비에게 보내 용서를 구하면 어떻겠습니까?"

별다른 방법이 없던 손권은 그 즉시 범강과 장달을 잡아 장비의 유해와 함께 유비에게 보냈어. 유비는 죽은 장비를 끌어안고 눈물을 흘리며 통곡했어.

"제발 용서해 주십시오!"

"목숨만 살려 주십시오!"

범강과 장달은 손이 발이 되도록 빌고 또 빌었지. 그러나 상관을 죽인 죄는 결코 용서받을 수 없는 일이었어. 더군다나 황제의 의형제를 죽인 죄를 용서받을 수 있겠어? 유비는 장포에게 아버지의 원수 갚는 걸 허락했어. 장포는 범강과 장달을 단칼에 베어 버렸지. 그래도 유비의 분노는 사그라지지 않았어.

"손권, 이런다고 네 죄가 지워질 성싶더냐? 이 정도로 내가 용서할 줄 아느냐? 이런 얄팍한 수를 쓰다니! 반드시 강동을 이 세상에서 영원히 사라지게 만들어 버리겠다!"

유비는 불같이 화를 냈어. 이 소식을 전해 들은 손권은 눈이 튀어나올 정도로 놀랐지.

"범감과 장달의 목으로도 안 된다는 말이냐?"

손권은 육손을 떠올렸어. 관우를 궁지에 몰아 죽이자는 계책을 낸 것도 여몽과 육손이었어. 손권은 육손을 불러 앞장서서 촉한의 공격을 막도록 했어.

신하들은 육손이 강동의 군사를 지휘할 수 없다고 반대했지만, 손권의 생각은 달랐어. 손권은 육손이 벼랑 끝에 몰린 강동을 구할 영웅이 될 거라고 믿고, 직접 보검까지 내려 주면서 말했어.

"육손을 대도독으로 임명하니 유비의 목을 가져오너라."

유비는 여몽과 함께 관우를 죽게 만든 육손이 대도독으로 왔다는 소식을 듣고 더 분노가 치밀었어. 당장 쳐들어가서 육손의 목을 베고 싶어서 75만 명의 대군에게 총공격 명령을 내렸지.

그런데 꾀가 많은 육손은 장수들에게 성을 지키기만 하고 절대로 촉나라의 군사와 싸워서는 안 된다고 했어. 강동의 군사는 성안에 숨어 밖으로 한발짝도 나오지 않았어.

촉나라의 군사는 성 밖에서 계속 기다려야만 했지. 날이 몹시 더웠던 터라 병사들이 더위에 지쳐 픽픽 쓰러지기 시작했어.

유비는 어쩔 수 없이 시원한 그늘이 있는 숲으로 군사를 이동시켰어. 그런 뒤 어떤 전략을 짜는 것이 좋을지 성도에 부하를 보내서 제갈량에게 물었어.

"이런! 이대로 두면 우리 쪽이 크게 패하고 말 것이야!"

제갈량은 촉나라 군의 대치 상황을 듣고 깜짝 놀랐어.

"당장 돌아가 숲에 자리한 진영을 옮기도록 하라!"

한편 유비가 숲으로 군사를 이동시켰다는 소식을 듣자마자 육손은 공격 명령을 내렸어. 사실 육손은 이 모든 것을 예상하고 싸우지 않고 기다렸던 거야.

"오랫동안 비가 내리지 않았고 날이 몹시 덥다. 유비의 군사가 숲에 들어가 있으니, 숲과 함께 모두 태워 버려라!"

유비의 군대가 진을 치고 있는 숲으로 산불이 무섭게 번지기 시작했어. 75만 명의 대군이 산불을 피해 도망치느라 산산이 흩어져 버렸지. 유비는 간신히 불을 피해 도망쳤지만, 길목마다 강동의 병사들이 지키고 있다가 공격해 왔어. 육손은 이미 유비가 어디로 도망칠 것인지 예상하고 있었던 거야.

쫓기던 유비는 궁지에 빠져 더 이상 도망칠 곳이 없었어. 이때 불길을 헤치며 장수 한 명이 달려왔어. 유비의 오른팔이나 다름없는 조운이었어.

"어떻게 알고 구하러 왔소?"

"제갈 승상이 폐하가 숲에서 위기에 처했을 거라며 빨리 가 보라고 했습니다!"

"아! 승상이 이리 될 것을 알고 있었구나!"

조운은 창을 휘두르며 겹겹이 막아선 강동의 병사들 사이를 뚫고 나아갔어. 그 길을 따라 유비는 간신히 목숨을 구해 백제성 안으로 도망칠 수 있었지. 관우와 장비의 복수를 위해 나섰던 75만 대군이 육손이라는 젊은 장수의 작전에 무릎을 꿇고 패배하고 만 거야.

백제성으로 피신한 유비는 상심해 병이 들어 버렸어. 유비는 시름시름 앓으면서 관우와 장비를 떠올렸어.

'우리 세 사람, 비록 한날한시에 태어난 건 아니지만 죽는 날은 같은 날이기를 바랍니다!'

복숭아밭에서 관우, 장비와 의형제를 맺었던 기억이 어제 일처럼 생생하게 떠올랐어. 그러나 관우도 잃고, 장비마저 잃은 유비는 깊은 슬픔에 빠져 다시 기운을 차리지 못했지. 자신의 마지막을 직감한 유비는 제갈량을 불렀어.

"승상, 폐하께서 유언을 남기시겠다고 합니다."

성도에 있던 제갈량은 태자 유선과 왕자들을 데리고 급히 백제성으로 달려왔어.

"승상, 나는 이제 명이 다한 것 같습니다."

"폐하, 기운을 차리셔야 합니다. 제가 성도로 모시고 가서 치료해 드리겠습니다."

"아닙니다. 나는 이제 아우들 곁으로 가겠습니다. 승상, 태자 선이 황제에 오를 만하다면 도와주되, 만약 그럴 능력이 되지 않는다면 승상이 내 뒤를 이어 황제가 되어 주십시오."

"폐하, 제가 어찌 황제가 되겠습니까? 저는 죽어도 폐하와 한나라의 신하입니다."

제갈량이 눈물을 흘리며 충성을 맹세했어.

"아들들아, 너희는 앞으로 승상을 아버지라 여기고 모시도록 해라."

그 말을 남긴 채 유비는 눈을 감고 말았어.

"아버지!"

"폐하!"

유비의 나이 예순셋, 서기 223년이었지.

제갈량은 유비의 시신을 성도로 옮기고 장례식을 성대하게 치렀어. 촉나라 신하 중에 통곡하지 않는 이가 없었고, 거리는 슬픔에 빠진 백성들로 눈물바다를 이루었지. 그렇게 유비, 관우, 장비 세 영웅의 시대는 저물고 말았어.

제갈량은 태자 유선을 촉나라의 황제로 받들고 천하통일을 하겠다는 의지를 불태웠어. 유선은 아직 열일곱 살밖에 되지 않았지.

유비가 죽었다는 소식은 위나라와 강동에도 곧바로 전해졌어. 위나라 황제 조비는 이때야말로 촉나라를 공격해 멸망시킬 절호의 기회라고 판단했어.

"폐하, 촉나라의 다섯 곳을 동시에 공격하면 아무리 제갈량이라도 막아 낼 수 없을 것입니다."

조비의 오른팔 같은 신하인 사마의가 제안했어. 사마의의 말대로 조비는 강동의 손권에게 사신을 보내 함께 촉나라를 침략해 성공하면 촉나라 땅을 나눠 주겠다고 약속했어.

위나라 군사가 사방에서 밀려오자, 어린 황제 유선은 당황해서 진땀을 뚝뚝 흘렸어.

"폐하, 그렇게 고민하실 필요 없습니다. 제가 이럴 줄 알고 준비를 다 해 두었습니다."

제갈량은 조운 등을 시켜 이미 촉나라의 사방을 완벽하게 수비할 수 있도록 해 놓았던 거야.

"승상, 강동이 쳐들어오는 건 어떻게 막겠습니까?"

"그것도 걱정하지 마십시오. 몇 년 전 위나라는 강동에 손을 잡자고 해 놓고 뒤통수를 친 적이 있습니다. 손권은 그 일을 아직 잊지 않았을 것입니다. 손권이 위나라를 믿지 못하니 우리는 이번 기회에 강동과 손을 잡고 위나라를 함께 치는 게 좋습니다."

황제 유선은 제갈량의 말대로 강동의 손권에게 사신을 보냈어. 손권은 재갈량의 계획을 듣고 촉나라와 동맹을 맺기로 했지.

이 소식을 들은 사마의는 위나라 황제 조비에게 다시 조심스럽게 의견을 말했어.

"폐하, 아뢰기 송구하오나 촉나라를 공격하는 작전은 이쯤에서 그만두시는 게 좋겠습니다."

"무슨 소리요? 유비가 죽은 지금이야말로 촉나라를 공격하기 좋은 때라고 하지 않았소?"

"하오나, 촉나라가 그동안 전쟁에 대한 방비를 해 두었고, 강동마저 촉나라와 동맹을 맺은 상황이라 승리하기는 어렵습니다."

"에잇, 듣기 싫소. 그렇다면 강동부터 멸망시켜야겠군! 당장 강동으로 진격하시오!"

조비의 명령을 받은 위나라의 군사는 3천 척의 배에 올라타고 강동으로 쳐들어갔어. 그런데 조비는 강동을 너무 얕봤던 거야. 강이 많았던 강동은 수군이 매우 강한 나라였어.

더구나 촉나라가 강동에 합세해 위나라 군대를 공격하자 기세등등했던 3천 척의 배는 불바다에 잿더미가 되었지. 아버지 조조가 패배한 적벽대전 때보다 더 큰 패배였어.

"으으윽, 위나라의 군대가 이렇게 비참하게 대패하다니! 치욕스러워 살 수가 없구나!"

충격을 받은 조비는 그만 쓰러지고 말았어.

그때부터 조비는 기운을 잃은 채 시름시름 앓기 시작하더니 다시 일어나지 못했어.

"내 운명은 여기까지인가 보오. 내 아들 조예를 부탁하오."

조비는 사마의에게 그 말을 남긴 채 숨을 거두고 말았어. 조비의 나이 마흔에 불과했지.

조비의 아들 조예는 스물한 살에 위나라 황제 자리에 올랐어.

사마의는 젊은 황제 조예에게 청하여 서량으로 부임했어. 서량은 위나라의 서쪽 끝에 있는 땅인데, 제갈량이 분명 이곳을 칠 것이라고 짐작하고 미리 가서 군사를 기르고 방비할 생각이었지.

사마의가 서량으로 갔다는 소식을 알게 된 제갈량은 사마의가 보통 인물이 아니라는 생각이 들었어.

"사마의는 나중에 우리 촉나라에 큰 위협이 될 자가 분명해. 하루라도 빨리 없애야겠군."

그즈음 위나라의 수도인 낙양의 성문에는 누가 썼는지 모를 수상한 벽보가 나붙었어.

> 황제 조예는 인덕이 없어 황제의 자리에 있을 수 없다.
> 나는 하늘의 뜻을 받들어 군사를 일으켜
> 무능한 황제 조예를 없앨 것이니, 나를 따르라!

이 벽보를 본 신하들은 조예에게 사마의가 불손한 마음으로 썼을 거라고 말했어.

"사마의가 서량으로 간 것이 군사를 키워 이곳으로 쳐들어오려는 계획인가 봅니다. 빨리 사마의를 없애야 합니다!"

반대로 사마의는 충신이니까 의심하지 말고 믿어야 한다는 신하도 있었어.

결국 조예는 사마의가 있는 서량으로 가서 직접 확인해 보기로 했어. 혹시 사마의가 배신해서 자신을 공격할 수도 있으니 10만 명의 군사를 이끌고 서량으로 향했지.

한편, 황제가 온다는 소식을 들은 사마의는 황제에게 국경을 철저하게 지키는 모습을 보여 주려고 수만 명의 군사를 이끌고 조예를 기다렸어. 조예가 아주 흐뭇해할 거라고 기대하면서 말이야. 그런데 조예는 마중 나온 군대를 보고 깜짝 놀랐어. 자기를 위협하려고 사마의가 대군을 끌고 나왔다고 생각한 거지.

"네 이놈! 너는 역시 배반자가 확실하구나! 네가 내 자리를 넘보고 그런 벽보를 붙였구나!"

"아, 아닙니다. 제가 붙인 벽보가 아닙니다. 이건 모략입니다! 어찌 제가 폐하의 자리를 넘본다는 말입니까?"

신하들은 사마의를 즉시 처형하라고 했어. 그러나 조예는 아버지 조비가 숨을 거두기 직전에 사마의야말로 위나라를 맡길 충신이라고 한 말을 잊지 않았어.

"살려 주긴 하겠으나, 당장 추방하노라."

사마의는 억울함에 이를 부득부득 갈면서도 황제의 명에 따라 말에 몸을 싣고 고향으로 떠날 수밖에 없었어. 사마의는 이것이 제갈량이 꾸민 짓이라고 추측했어.

"제갈량, 두고 보자. 내가 반드시 오늘의 수모를 되갚아 주겠다."

물론 이 모든 계획을 짠 제갈량은 첩자를 통해 사마의가 쫓겨났다는 사실을 상세히 보고받았어.

"후훗, 이제 위나라에 지혜로운 자는 남아 있지 않아. 사마의가 없다면 위나라는 노 없는 배나 다를 게 없지. 기회는 왔어! 지금이야말로 위나라를 공격할 때다!"

제39장

제갈량의 출사표

제갈량은 황제 유선을 찾아갔어. 그리고 유선과 문무백관 앞에서 천하 통일의 염원을 담은 글을 읽기 시작했어.

황제를 비롯해 문무백관 모두 눈물을 흘리며 깊이 감동했어. 이 글이 그 유명한 제갈량의 '출사표'야. 국가를 위한 충정과 결의를 담은 글인데, '군대를 일으키며 임금에게 올리는 글'이라는 뜻이지.

서기 227년, 겨울이 지나고 따뜻한 봄이 왔을 때, 제갈량은 30만 대군을 이끌고 북벌에 나섰어. 북쪽 위나라로 향하는 대군의 가장 앞에는 제갈량이 탄 수레가 있었지.

이 소식이 위나라 낙양에도 전해졌어.

"폐하, 제갈량이 30만 대군을 이끌고 조운을 선봉으로 삼아 이쪽으로 진격하고 있사옵니다!"

"뭐, 뭐, 뭐라고? 제갈량과 조운을 막아 낼 장수는 앞으로 나서라!"

황제 조예의 명령을 듣고도 장수들은 두려움에 떨며 누구도 앞으로 나가지 않았는데, 젊은 장수 하후무가 나섰어.

"제게 맡겨 주십시오. 아버지의 원수를 갚겠습니다."

하후무는 촉나라와 치른 전쟁에서 목숨을 잃은 하후연의 아들이었어. 아버지의 원수를 갚겠다고 했지만 하후무는 아직 전쟁에 나가 본 경험이 없는 햇병아리 장수였어.

신하들은 하후무가 제갈량의 상대가 되지 못할 거라고 걱정했어. 그러나 마음이 급했던 조예는 하후무를 대도독에 임명했지. 하후무는 20만 대군을 이끌고 촉나라 군이 머무는 봉명산으로 진격했어.

선봉대는 위나라의 장수 한덕이었어. 한덕은 촉나라 군대의 선봉장인 조운을 보고 창을 들고 달려왔어. 한덕 뒤로 한덕의 네 아들까지 칼과 창을 들고 조운을 공격했지.

조운은 이미 나이가 많이 들었어. 그러나 장판 전투 때 유비의 아들인 유선을 품에 안고 혼자 조조의 대군을 돌파했던 용맹한 장수가 바로 조운이었지. 이번에도 장수 다섯 명이 한꺼번에 조운의 목을 노리고 돌격했지만, 조운이 창을 휘두를 때마다 한덕의 아들은 한 명씩 숨이 끊어졌어.

"으흑, 내 아들들이 모두 죽다니!"

네 아들의 죽음을 지켜본 한덕은 충격과 공포에 온몸을 떨면서 결국 도망치고 말았어.

조운에게 패배하고 돌아온 선봉대를 보고 하후무는 조운을 잡을 방법을 더 치밀하게 궁리했어.

"조운은 훌륭한 장수지만 그의 자신감을 역으로 이용하면 이길 수 있을 것이다. 자신감이 바로 조운의 약점이야."

하후무는 다시 봉명산을 공격했어.

"조 장군님, 얼마 전에 혼쭐이 나고서도 위나라가 다시 공격을 해 오는 게 왠지 수상합니다. 적의 동태를 신중하게 살핀 후에 출전하는 게 좋겠습니다."

부하들의 말을 듣고 조운은 크게 비웃었어.

"하후무 따위가 이끄는 위나라 군대는 내게 오합지졸에 불과하다. 당장 가서 위나라 놈들을 벌벌 떨게 만들어 주겠다!"

조운은 창을 들고 봉명산으로 향했지.

역시 맹장 중의 맹장 조운의 실력은 막강했어. 위나라 장수는 변변히 싸워 보지도 못하고 겁을 먹고 도망치기 시작했어. 조운은 끝까지 추격해 계곡 사이로 깊이 들어갔지.

그런데 그건 하후무의 함정이었어. 계곡 위에 숨어 있던 위나라의 군사들이 바위를 굴리고 화살을 빗발치듯 쏘며 조운을 공격했어. 아무리 불세출의 실력을 갖춘 천하의 맹장 조운이라 할지라도 창으로 바윗덩어리를 막을 수는 없었어.

조운이 이끄는 촉나라의 군대는 뿔뿔이 흩어졌어. 그런데 하후무가 이번에도 이미 조운이 도망치는 길목을 지키고 있었어.

"조운, 여기가 바로 네 무덤인 줄 알아라. 내 아들들의 원수를 기필코 갚아 주마!"

지난번 도망쳤던 한덕이 눈을 부릅뜨고 달려들었어. 조운은 적의 포위를 뚫고 계곡에서 탈출하느라 이미 지칠 대로 지친 상태라 싸울 힘이 남아 있지 않았지.

'아! 천하에 두려운 게 없던 내가 여기서 끝나는구나!'

조운은 팔에서 힘이 빠지는 걸 느꼈지. 그런데 그때 숲 저편에서 1만 마리의 말을 탄 군사들이 미친 듯이 달려오는 거야.

"조 장군님, 저희가 왔습니다!"

장비의 아들 장포와 관우의 아들 관흥이 이끄는 촉나라 군사였어. 기대하지도 않았던 지원군이었지.

"위나라의 군사들을 모조리 쓸어버려라!"

장포와 관흥이 이끄는 촉나라 군사는 용맹하게 싸워 위나라의 군사를 물리치고 죽을 뻔했던 위기에서 조운을 구해 냈어.

"내가 위험에 빠진 걸 어떻게 알고 여기로 구하러 왔느냐?"

조운이 물었어.

"제갈 승상께서 저희를 이리로 보내셨습니다."

조운은 다시 한번 제갈량의 놀라운 예측에 감탄했어.

조운과 장포, 관흥이 이끄는 촉나라 군은 다시 모여서 도망치는 위나라 군을 쫓기 시작했어. 전투 상황은 완전히 뒤바뀌어 촉나라 군이 승승

장구하며 위나라 군을 격퇴했지.

쫓기고 쫓기던 하후무는 근처에 있는 남안성으로 들어가 성문을 굳게 닫은 채 나오지 않았어. 남안성은 매우 견고해서 촉나라 군이 아무리 공격해도 끄떡없었지.

그즈음 제갈량이 군사를 이끌고 도착했어. 조운은 눈물을 흘리며 제갈량에게 감사 인사를 했어.

내 아들들의 원수를 갚아 주마!

"조 장군, 오호 대장 중에 살아남은 사람은 조 장군뿐입니다. 우리 함께 반드시 천하통일을 이룹시다."

제갈량은 하후무가 숨어 있다는 남안성을 돌아봤어. 하지만 공격한다고 해도 함락하기 어렵다는 결론을 내렸지. 그렇다고 시간을 끌 수는 없었어. 위나라의 군사가 다른 길을 통해 촉나라의 뒤를 칠 수 있었기 때문이야.

제갈량은 남안성 주변을 빙 둘러서 마른풀과 나뭇가지를 모아서 태우기 시작했어. 연기만 요란했지 성은 여전히 끄떡없었어. 성 위에서 지켜보던 하후무는 배꼽을 잡고 웃었지. 그깟 풀을 태운다고 성벽이 무너질 리 없었으니까. 그래도 제갈량은 계속 풀을 태웠어.

　한편, 남안성 옆 안정성에서는 남안성 쪽에서 피어오르는 연기를 발견했어.

　"남안성이 위험하다. 구하러 가자!"

　안정성 성주는 군사를 이끌고 남안성으로 향했어. 그런데 남안성으로 향하는 길목에 촉나라 군사가 몰래 숨어 있었던 거야. 촉나라 군은 텅 빈 안정성을 쉽게 정복하고, 안정성의 성주마저 포로로 잡았어. 제갈량은 안정성 성주를 이용했어.

　"목숨을 구하고 싶으면 지금 하후무가 있는 남안성으로 들어가라."

　인질이 된 안정성의 성주는 남안성으로 가서 성문을 열어 달라고 했어. 하후무는 안정성이 남안성을 도와주러 온 줄 알고 성문을 열었지.

　"돌격하라!"

　제갈량의 명령이 떨어지자 성문 주변에 숨어 있던 촉나라 군이 문이 열린 남안성으로 들이닥쳤지. 하후무는 포로로 잡히고 남안성 또한 고스란히 제갈량의 손에 들어갔어.

　이후로도 제갈량은 위나라 군을 계속 격파하고, 위나라 성을 하나씩 점령해 갔지. 위나라의 수도 낙양이 코앞이었어.

위나라의 젊은 황제 조예는 전전긍긍 불안에 떨고 있었어. 이대로라면 낙양이 점령될 것이고, 위나라가 망하는 건 시간문제였지.

"우리 위나라를 구할 인재가 이리도 없단 말인가? 제갈량을 이길 사람이 이 나라에 단 한 명도 없단 말이냐?"

"한 명이 있긴 있사옵니다만……."

"그가 누구냐? 당장 데려오라."

"폐하께서 직접 쫓아낸 사마의입니다. 폐하, 사마의가 썼다는 벽보도 사실은 제갈량이 꾸민 계략이었다고 하옵니다. 이런 걸 보면 제갈량도 사마의가 두려운 것입니다."

황제 조예는 빨리 사마의를 데려오라고 명령했어. 사마의는 아들 둘을 데리고 급히 말을 달려 황제에게 왔어. 황제는 사마의의 손을 잡고 예전에 벌을 내린 것은 오해 때문이었다며 사과했지.

"앞으로 사마의를 군사로 삼아 군 통수권을 주도록 하겠소."

이렇게 하여 사마의는 위나라 군사를 자기 마음대로 움직일 수 있는 강력한 권력을 쥐게 되었어.

"크하하! 제갈량과 조운이 이끄는 군사가 아무리 강하다고 해도 밥을 먹지 않고는 못 버티지."

사마의는 위나라 군 20만 명을 이끌고 가정으로 출정했어. 가정은 촉나라 군이 식량을 보급받기 위한 길목에 있었지. 만약 가정을 위나라 군에 빼앗기면 촉나라 군은 식량이 끊겨 패배하고 말 거야.

이 상황을 전해 들은 제갈량은 펄쩍 뛰었어. 사마의가 다시 돌아왔다는 소식과 가정으로 출정했다는 소식 모두 제갈량을 충격에 빠뜨리기에 충분했지.

"사마의는 역시 무서운 자로구나. 가정을 잃으면 안 돼."

"승상, 제가 출전하겠습니다."

기세등등하게 나선 인물은 마속이었어. 제갈량은 망설였어. 유비가 눈을 감기 전에 이런 말을 남겼거든.

'마속은 행동보다 말이 지나친 자이니, 절대로 써서는 안 됩니다.'

마속은 제갈량의 친한 고향 친구 마량의 동생이기도 했어.

"승상, 만약 제가 가정을 지키지 못한다면 제 목을 베십시오."

마속은 자기 목숨을 걸고 맹세했어. 제갈량은 한번 믿어 보기로 하고, 마속에게 전략을 짜 주었어.

"가정에 도착하면 사마의가 이끄는 위나라 군이 빠져나갈 수 없게 길목에 군사를 배치하도록 하시오. 함부로 군사를 움직이면 절대 안 되오. 모든 지시는 내가 할 테니 무조건 내 명령에만 따라야 하오."

가정에 도착한 마속은 산꼭대기에 군사를 배치하고 진을 쳤어. 산 위에서 아래로 공격하는 게 유리하다고 판단했지. 그러나 마속의 작전은 길목을 막으라는 제갈량의 지시를 완전히 어긴 것이었어. 사마의는 마속이 진을 친 산 밑에서 촉나라 군이 마실 물길을 끊고 산에 불을 질렀어. 불길이 산꼭대기로 올라가면서 마속의 군사는 불바다에 갇혀 버렸어. 마속의 군사는 뿔뿔이 도망치기 바빴어. 마속도 목숨만 간신히 건진 채 도망쳐야 했지.

가정을 빼앗겼다는 소식을 들은 제갈량은 마속을 보낸 것을 입술을 깨물며 후회했어. 군사의 식량 보급로를 빼앗겼으니 위나라로 진격하는 것은 불가능했어. 남은 식량이 떨어지기 전에 한시라도 빨리 후퇴하지 않는다면, 촉나라의 운명마저 위태로워질 상황이었어.

"지금 즉시 총퇴각하라!"

제갈량의 명령에 모든 군사가 일제히 후퇴했어. 제갈량은 서성으로 가서 그곳에 비축해 둔 식량을 촉나라로 보냈어.

사마의는 촉나라 군이 후퇴할 때를 노리고 있었어. 사마의는 직접 군사를 이끌고 서성으로 향했어. 당시 서성 안에는 남은 군사들이 거의 없었어. 제갈량은 졸지에 사마의에게 잡힐 위기에 처했지.

'독 안에 든 쥐다. 제갈량, 기다려라.'

서성 바깥에 사마의가 이끄는 군사가 새카맣게 몰려왔어. 그런데 이게 무슨 일일까? 성벽 위에서는 제갈량이 혼자 앉아 거문고를 연주하고 있었어. 더구나 성문은 활짝 열려 있고, 군사는 단 한 명도 보이지 않았지. 이대로 성으로 들어가 제갈량을 사로잡기만 하면 되는 것이었어.

사마의는 생각에 잠겼어. 그러다가 장수들에게 명령했지.

"전군 퇴각하라!"

"네? 군사 한 명 없는 성입니다. 바로 쳐들어가면 이길 수 있습니다!"

"아니야. 성문을 열어 놓고 거문고를 연주한다? 이건 분명 제갈량의 계략이야. 어딘가에 대군을 숨겨 두고 우리가 성안으로 들어오길 노리고 있을 것이야."

사마의는 대군을 이끌고 다시 돌아갔어.

"하하하! 사마의가 아니면 통하지 않았을 계책이었어."

사마의가 돌아가자 제갈량은 모처럼 큰 소리로 웃었어. 그 덕분에 제갈량과 촉나라 군은 식량을 빼앗기지 않고 무사히 퇴각할 수 있었어.

촉나라 군이 패배한 원인은 바로 마속의 어리석은 작전 때문이었어. 마속은 스스로 온몸을 밧줄로 꽁꽁 묶고는 제갈량 앞에 무릎을 꿇었어.

"승상, 약속대로 목을 베십시오."

제갈량은 마속을 용서한다면 군기가 무너지고, 앞으로 이런 일이 또 일어날 수 있다고 판단했지.

'폐하의 유언에 귀를 막은 저의 어리석음을 용서해 주십시오.'

제갈량은 뜨거운 눈물을 흘리면서 친구의 동생인 마속의 목을 베었어.★ 사사로운 감정을 버리고 엄정한 법대로 처단해 질서를 바로잡은 거야.

제갈량은 촉나라 군이 패배한 죄가 자신에게도 있다면서 황제 유선에게 벼슬을 깎아 달라고 요청했어. 하지만 유선은 제갈량이 없으면 촉나라를 지킬 수 없다는 걸 알기에 제갈량의 벼슬을 깎아 우장군으로 삼되,

---

★ 읍참마속(泣斬馬謖). 큰 목적을 위해 자기가 아끼는 사람을 버림을 이르는 말. 제갈량이 울면서 마속을 참수한 데서 비롯된 사자성어다.

하던 일은 그대로 맡도록 했어.

"폐하, 감사합니다. 저의 부족함을 일깨워 준 패전이었습니다. 앞으로 철저하게 준비해서 반드시 천하통일을 이루도록 하겠습니다."

제갈량은 촉나라 군을 가장 강력한 군사로 만들기 위해 무예를 기르고, 배를 만들고, 식량을 준비해 나갔어.

그러던 어느 날, 제갈량에게 슬픈 소식이 전해졌어. 병이 들었던 조운이 끝내 숨을 거뒀다는 거야. 특히 유선은 눈물을 흘리며 크게 슬퍼했어. 조운이 장판 전투에서 혼자 조조의 대군을 돌파하며 구해 낸 유비의 어린 아들이 바로 유선이었거든.

"아, 천하통일의 약속을 이루지 못하고 오호 대장이 모두 세상을 떠났구나."

제갈량은 조운의 죽음을 몹시 슬퍼했어. 그러나 마냥 슬픔에 빠져 있을 때가 아니었지.

"돌아가신 선주(유비)와 오호 대장의 꿈을 내가 반드시 이루리라!"

제갈량은 그동안 강한 군사로 키운 30만 대군을 이끌고 다시 북벌에 나섰어.

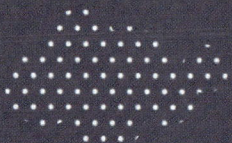

제40장

오장원에 별이 떨어지다

"언제 저렇게 튼튼한 성을 쌓았지?"

촉나라 군을 이끄는 제갈량은 위나라의 진창성에 도착했을 때 성을 보고 깜짝 놀랐어. 사마의가 제갈량의 공격에 대비해 이미 높고 견고한 성을 쌓아 놓고 있었던 거야. 진창은 학소 장군이 지키고 있었어. 학소는 원숭이처럼 팔이 길어 활을 잘 쏘고, 지략이 뛰어난 인물이었지.

위나라를 공격하려면 진창성을 빼앗아 통과해야만 했어. 제갈량은 총공격 명령을 내렸어. 바위를 날리고 불화살을 쏘며 진창성을 함락시키려고 했어. 그러나 진창성이 워낙 철저하게 방비를 해 둔 터라 공격은 번번이 실패로 돌아갔어.

"난공불락이로다! 진창성은 너무나 공격하기 어려워 쉽사리 함락되지 않는구나!"

촉나라 군과 위나라 군이 진창에서 기나긴 전쟁을 벌이는 동안, 강동의 손권은 나라 이름을 '오'로 정하고 스스로 황제의 자리에 올랐어. 제갈량은 손권에게 축하 선물을 보내며 함께 손을 잡고 위나라를 공격하자고 했어.

'오나라가 위나라를 공격하면 위나라는 군사를 오나라 쪽으로 이동할 것이다. 그때를 노려 나는 다른 길로 위나라에 쳐들어가서 위나라의 낙양을 점령할 것이다.'

그런데 하늘이 제갈량의 편이었을까?

진창성을 지키던 학소 장군이 갑자기 병들어 죽은 거야. 제갈량은 이때를 놓치지 않고 진창성을 공격해 성을 함락했어.

"다음 성을 공격하자! 공격! 총공격하라!"

촉나라 군은 쉬지 않고 위나라의 성들을 차례차례 빼앗았어. 위나라는 큰 위기에 빠졌지.

위나라의 황제 조예가 믿을 만한 사람은 사마의밖에 없었어.

사마의는 대도독에 올라 대군을 이끌고 출정했어. 그러나 사마의는 제갈량의 상대가 되지 못했어. 제갈량은 이미 사마의가 어떤 작전으로 나올지 자기 손바닥 보듯이 훤히 내다보고 있었기 때문이야. 제갈량이 이끄는 촉나라의 승리가 계속 이어졌지.

사마의가 세 명의 장수를 보내 촉나라 군과 싸우게 한 날이었어. 세 장수는 용맹하게 싸웠지만 제갈량의 작전에 휘말려 사로잡히고 말았어. 제

갈량은 세 장수의 얼굴에 새카맣게 먹을 칠하고 옷을 발가벗긴 다음 돌려보냈어.

"사마의에게 가서 병법 공부나 제대로 한 다음에 나한테 도전하라고 전해라."

세 장수의 말을 전해 들은 사마의는 화가 머리끝까지 났어. 그래서 제갈량을 공격하려고 직접 군사를 이끌고 나왔지.

이 모습을 본 제갈량은 빙긋 웃었어. 사마의를 약 올려서 밖으로 나오게 만들려는 계략이었거든. 촉나라 군사들은 사마의를 향해 사방에서 화살을 쏘고 바위를 굴렸어.

"함정입니다! 촉나라 군에게 포위되었습니다!"

위나라 군사는 거의 전멸할 지경이었지. 사마의는 얼마 남지 않은 군사를 이끌고 간신히 도망쳤어.

그때부터 사마의는 제갈량과 싸울 생각을 하지 못하고 진영 밖으로 한 발짝도 나오지 않았어. 자존심이 상했지만 훗날을 도모하며 꾹 참았어.

"승리는 우리 것이다!"

제갈량은 이대로 위나라로 몰아붙여 가면 승리할 수 있다고 확신했어. 그런데 예상하지 못한 문제가 생겼어. 군사들이 먹을 식량이 열흘이나 늦게 도착한 거야. 아무리 훈련이 잘되었다 해도 군사들이 밥을 먹지 못하면 싸울 수가 없잖아.

제갈량은 화가 나서 식량을 운반하는 장수인 구안을 불렀어. 그런데 구안에게서 술 냄새가 나는 게 아니겠어? 어디서 술을 먹고 놀다가 늦었던 거지.

"이놈의 목을 당장 쳐라!"

제갈량이 명령을 내렸어. 구안이 끌려 나가는데 부하 한 명이 달려와서 말렸어.

"구안은 이엄 장군이 아끼는 부하입니다. 이엄 장군은 우리 군의 식량 전체를 책임지고 있는데, 만약 구안을 죽이면 이엄 장군이 식량을 제대로 보급해 주지 않을지도 모릅니다."

제갈량은 기강을 바로잡자면 바로 목을 베는 게 낫다고 여겼으나 위급한 순간이니 처벌을 미루기로 했어. 대신 구안에게 곤장 80대를 치라고 했어. 하지만 곤장을 얻어맞고 풀려난 구안은 크게 잘못한 것도 없는데 억울하게 곤장을 맞았다고 생각했어. 그래서 그길로 사마의가 있는 위나라로 건너가 항복해 버렸지.

사마의는 제갈량에게 연전연패하면서 완전히 실의에 빠져 있었는데, 구안이 항복하면서 무슨 일이든 시키면 다 하겠다고 하자 만세를 부를 지경이었어.

사마의는 다시 기운을 차리고 제갈량을 없앨 계략을 짜기 시작했어. 정당하게 맞붙어서는 이길 수 없으니 다른 방법을 찾아야 했지.

구안은 촉나라의 수도인 성도로 다시 돌아왔어. 그리고 사마의에게 지시받은 대로 사람들에게 제갈량이 반역을 꾸미고 있다는 거짓 소문을 퍼뜨리기 시작했지. 소문은 삽시간에 퍼지고 퍼져, 신하들을 거쳐 황제 유선의 귀에까지 들어갔어.

"말도 안 되는 소리야. 제갈 승상이 나를 배신하고 스스로 황제가 되려고 한다고?"

"폐하, 우리 촉나라의 모든 군사는 제갈 승상이 지휘하고 있습니다. 만약 승상이 지금 당장 군사를 이끌고 돌아와 성도를 공격한다면 막을 길이 없습니다."

신하들은 계속 황제의 판단력을 흐리게 만들었어. 유선은 어쩔 수 없이 제갈량에게 군사를 철수해 돌아오라고 명령했어.

"아! 위나라 점령이 코앞인데 여기서 철수하란 말인가?"

승리를 눈앞에 두고 있었지만 제갈량은 황제의 명령을 따라야만 했어. 철수하라는 명령을 어기고 계속 위나라 정벌을 이어 간다면 반역자라는 헛소문이 진짜가 되고 말 테니까. 그토록 오랫동안 준비해 왔던 일이었지만, 배신자 한 명 때문에 모든 것이 물거품이 되고 만 거지.

성도로 돌아온 제갈량을 만난 황제 유선은 그제야 거짓 소문에 속았다는 사실을 깨달았어.

제갈량은 다시 황제의 허락을 받아 대군을 이끌고 위나라의 기산을 향해 출격했어. 그사이 시간을 번 사마의는 위나라의 군사를 다시 모아 제

갈량과 결전을 벌이기 위해 출격했지. 사마의는 이번만큼은 제갈량에게 속지 않겠다고 굳게 결심했어.

그런데 참 이상한 일이었지. 가는 장소마다 제갈량이 먼저 와 있는 거야. 동쪽에서 번쩍, 서쪽에서 번쩍, 남쪽에서 번쩍, 북쪽에서 번쩍, 제갈량을 본 위나라 군은 겁을 집어먹고 변변히 싸워 보지도 못하고 도망치기 바빴어.

알고 보니 제갈량이 자기와 비슷하게 생긴 사람을 변장시켜서 여러 장소로 보낸 거야. 사마의는 또다시 연전연패했어. 제갈량에게 한 번도 이겨 보지 못하고 패배를 거듭한 사마의는 다시 도망쳤어. 제갈량은 이 기세를 몰아 위나라로 곧장 쳐들어가려고 했지. 그런데 그때 이엄 장군으로부터 편지가 왔어.

> 승상, 오나라가 위나라와 힘을 합쳐 지금 촉나라를 공격하려고 쳐들어오고 있습니다.
> – 이엄

"지금 성도에는 적을 막을 군사가 없어. 이대로 두면 성도가 함락당하고 나라를 빼앗길 거야."

제갈량은 급히 후퇴 명령을 내리고 성도로 돌아왔어. 그런데 적군은 한 명도 보이지 않고 성도는 평화롭기만 했지. 알고 보니, 군량을 책임지는 이엄 장군이 식량을 다 모으지 못해 제갈량에게 거짓으로 편지를 보낸 것이었어.

화가 난 제갈량은 이엄 장군에게 벌을 내리고 멀리 내쫓아 버렸어.

'아! 벌써 몇 번째 실패란 말인가! 위나라의 함락을 코앞에 두고 매번 이렇게 후퇴하다니! 가장 큰 문제는 군사를 배불리 먹일 식량이야.'

사실 천하통일을 위한 전쟁 준비를 하느라 군사들과 백성들은 지칠 대로 지쳐 있었어. 제갈량은 당분간 전쟁을 하지 않고 촉나라를 부강하게 만든 후 다시 천하통일에 나서야겠다고 결심했어.

그때부터 3년간 촉나라는 농사를 짓기 위한 물길을 만들고, 땅을 개척하고, 열심히 농사를 지었어. 식량이 풍족해야 전쟁도 이길 수 있으니까.

드디어 제갈량은 몇 년 동안 철저하게 준비한 30만 명의 군사를 이끌고 다시 위나라로 향했어. 이 소식을 들은 사마의도 그동안 훈련시킨 40만 명의 군사를 이끌고 출전했지.

제갈량은 진을 치고 사마의를 기다렸어. 그런데 사마의가 보낸 두 장수가 식량을 운반하는 촉나라 군을 습격해 식량을 빼앗고, 군사들까지 포로로 끌고 갔어.

사마의는 크게 기뻐하며 두 장수에게 큰 상을 내렸지. 그러자 다른 장수들도 상을 받기 위해 틈만 나면 촉나라 군을 공격했어. 신기하게도 사마의의 장수들은 매번 촉나라 군에 이겼고, 수많은 군사가 포로로 잡혀

왔어.

사마의는 포로들의 입을 통해 제갈량이 호로곡으로 갔다는 얘기를 전해 들었어.

"호로곡에 몇 년 동안 전쟁에 쓰일 대규모 식량 보관소를 만든다고 합니다."

사마의는 군사를 총동원해 호로곡을 습격했어. 하지만 호로곡에는 촉나라 군사가 많지 않았어.

사마의가 나타나자 촉나라 군은 겁을 먹고 도망치기 시작했어. 사마의는 깊이 생각하지 못하고 골짜기로 도망치는 군사들을 계속 추격했지.

한참 추격하다가 둘러보니 들어선 골짜기가 이상했어. 방금 골짜기로 도망친 촉나라 군사들은 어디론가 사라지고, 바닥에는 마른풀과 장작이 가득 쌓여 있었지.

"함정이다! 어서 도망쳐라!"

사마의는 뒤늦게 깨닫고 다급히 후퇴 명령을 내렸어. 하지만 이미 늦어 버린 상황이었지.

어느새 골짜기의 앞뒤는 바위로 가로막혀 옴짝달싹하지 못하는데, 골짜기 위에서 불화살이 쏟아졌어. 풀과 장작에 불이 붙어 골짜기는 삽시간에 불바다로 변했어.

"으아아악! 살려 줘!"

위나라 군은 완전히 불바다 속에 갇혀 버렸어. 군사들은 빠져나가지

못해 연기와 불 속에서 속수무책으로 죽어 갔어. 이 모든 건 제갈량의 작전이었어.

처음부터 제갈량은 계속 패배하는 척하면서 식량을 일부러 빼앗겨 주고, 포로로 잡혀 주고, 포로에게 제갈량이 호로곡에 있다는 거짓 소문을 전하게끔 만든 것이지. 하나부터 열까지 모든 게 철저하게 제갈량이 계획한 작전이었던 거야.

'아, 내 생명은 여기서 끝이구나. 하늘은 왜 내가 이길 수 없는 제갈량을 보냈는가? 우리 위나라도 이것으로 끝이 나는구나.'

사마의는 하늘을 원망하며 죽음을 기다렸어. 그런데 하늘이 사마의가 죽는 걸 바라지 않은 것일까? 하늘에서 빗방울이 투둑투둑 떨어졌어.

"비? 비가 오는 건가?"

쿠르르릉, 쾅!

번개가 치고 천둥이 울리며 하늘에서 소나기가 쏴아아 쏟아져 내렸어. 불바다였던 골짜기의 불이 천천히 꺼지고 연기만 피어 올랐지.

사마의는 미친 듯이 도망쳤어. 촉나라 군이 끝까지 추격했지만 간신히 목숨을 구해 본진으로 피신했지.

제갈량은 비가 내리는 하늘을 바라보며 아쉬워했어.

'사마의의 숨통을 끊는 일이 이렇게 어려운 일이었던가. 일을 꾸미는 것은 사람이지만, 이루어지게 하는 것은 하늘이로구나!'

제갈량은 '오장원'이라는 평야에 진을 쳤어. 이때 사마의가 이끄는 위나라 군사는 촉나라보다 무려 일곱 배가 더 많았어. 그런데도 제갈량에게 대패했고 사마의는 본진에 틀어박혀 도통 싸우려고 하지 않았어.

위나라의 군사가 너무 많아 제갈량도 섣불리 공격할 수 없었지. 제갈량은 오나라의 손권에게 위나라를 함께 공격하자고 미리 약속해 두었어. 오나라의 군사가 도착하면 힘을 합쳐 본격적으로 위나라를 칠 생각이었지.

그러던 어느 날 참담한 소식이 전해졌어.

"승상! 오나라의 군사가 위나라의 황제 조예가 이끄는 군사의 공격을 받고 철수해 버렸다 합니다!"

"이…… 이런!"

그 소식을 듣자마자 제갈량은 그 자리에서 쓰러지고 말았어. 간절하게 믿었던 희망이 사라져 큰 충격을 받은 거지.

유비와 약속한 천하통일의 꿈을 이루기 위해 출사표를 내고 전쟁을 시작한 지 벌써 7년. 그동안 제갈량은 단 한 번도 쉬지 않고 전쟁터를 누비고, 전략을 짜고, 군사들을 훈련시키고, 어린 황제를 도와 촉나라를 다스렸어. 그러면서 정작 자신은 돌보지 못해 깊은 병이 들었던 거야.

그날 밤, 사마의는 밤하늘에서 별이 떨어지는 모습을 봤어. 엄청나게 많은 유성이 밤하늘을 가로질러 떨어졌지.

사마의는 부하들을 불렀어.

"드디어 촉나라를 공격할 때가 왔다. 제갈량이 죽어 가고 있다. 자, 제갈량이 있는 오장원으로 출격하라!"

제갈량도 자기의 생명이 얼마 남지 않았다는 걸 알고 있었어. 그래서 목숨을 조금이라도 이어 가기 위해 마지막 기도를 올리기로 했어. 천막 안에 제단을 만든 제갈량은 49명의 군사에게 천막 바깥을 지키게 한 후, 하늘에 기도하기 시작했어.

"만약 7일 동안 이 제단 앞에 켜 놓은 등이 꺼지지 않는다면 내 수명이 12년 더 연장될 것이다."

1일, 2일, 3일, 4일, 5일, 6일…….

제갈량은 한 치의 흐트러짐 없이 앉아서 계속 기도를 올렸어. 날이 갈수록 잃어버린 기운을 다시 찾으며 병이 치유되기 시작했지.

마지막 7일째 되는 날이었어.

오늘만 무사하게 지나면 제갈량은 다시 살아나서 천하통일의 길에 오를 수 있는 거야. 세상은 조용했고, 제단 앞에 놓인 등은 변함없이 타고 있었어.

그때 위연이 천막을 열고 뛰어들며 소리쳤어.

"승상, 지금 사마의가 쳐들어오고 있답니다!"

너무 순식간의 일이라 뛰어드는 위연을 미처 막을 새도 없었어. 너무 서두른 탓에 위연이 그만 등을 걷어차고 말았어. 등은 바닥에 구르다 그만 꺼지고 말았지.

"위연! 네 이놈! 네가 승상의 목숨을 위협할 생각이냐?"

다른 장수가 칼을 들고 위연을 베려고 했어. 제갈량은 체념한 목소리로 입을 열었어.

"그만두어라. 내 수명도 여기서 끝이로구나. 하늘은 어찌 이다지도 나에게 모질게 구는가!"

포기한 제갈량의 힘없는 목소리에 위연은 눈물을 흘리며 참회했어. 그러고는 군사를 이끌고 나가 목숨을 걸고서 몰려오는 위나라 군을 상대해 싸웠어. 제갈량이 죽었다는 소리를 듣고 온 위나라 군은 죽기를 각오한 위연에게 혼쭐이 나서 다시 도망쳤지.

제갈량은 장수들을 불러 자기가 죽은 후에 어떻게 해야 할지 계책을 알려 주고 황제 유선에게 보내는 편지를 쓴 후, 마지막으로 오장원의 촉나라 군사를 둘러보았지. 그리고 조용히 눈을 감았어. 그의 나이 쉰세 살이었지.

제갈량을 잃은 촉나라 군은 급히 후퇴하기 시작했어. 이 소식을 들은 사마의는 후퇴하는 촉나라 군의 뒤를 치기 위해 달려왔어. 그런데 죽었다는 제갈량이 언덕 위에서 사마의를 내려다보고 있었어.

"사마의! 너를 기다리고 있었다!"

그런가 하면 급히 후퇴했다던 촉나라 군사들이 말을 타고 사마의를 공격해 왔어.

"뭐냐? 제갈량이 죽었다는 것도 모두 계략이었던 거냐? 내가 또 함정에 빠졌구나!"

촉나라 군사는 얼마 되지 않았는데도, 겁에 질린 사마의는 싸워 볼 생각조차 하지 못한 채 정신없이 도망쳤어. 지난번 호로곡에서 죽을 고비를 넘긴 후 사마의는 제갈량만 떠올려도 무서워서 손발이 저절로 떨렸거든.

본진으로 도망친 사마의는 목숨을 구했다며 한숨을 내쉬었어. 그런데 뜻밖의 얘기를 근처에 사는 농부에게 듣게 되었어. 제갈량이 자기와 똑같은 인형을 많이 만들었다는 내용이었지.

"제갈량이 자기가 죽은 후에 나무로 자기와 똑같은 인형을 만들어 언덕 위에 놓으라고 했다는 것이 사실이냐?"

"예! 아까 저희가 본 제갈량은 나무 인형이었다고 합니다!"

보고를 받은 사마의는 분해서 주먹을 쥐고 부르르 떨었어. 이때부터 사람들은 '죽은 공명(제갈량)이 산 중달(사마의)을 쫓아 버렸다'고 말하며 뒤에서 사마의를 놀렸어.

'아! 제갈량, 당신 같은 영웅은 이 세상에 두 번 다시 나타나지 않을 것이오!'

비록 적군이었지만 사마의는 뛰어난 지혜와 판단력을 가진 제갈량에게 존경심을 가질 수밖에 없었어.

제갈량의 관을 실은 마차가 성도에 도착했어. 황제 유선부터 문무백관 신하들과 수많은 백성이 성문 앞으로 나와 절을 하며 제갈량을 맞았어. 황제 유선은 제갈량의 관을 끌어안고 성 밖까지 들릴 정도로 하염없이

통곡했지.

그로부터 다시 5년이 흐른 뒤 젊은 위나라 황제 조예가 숨을 거두었어. 조예의 아들인 조방이 뒤를 이어 황제의 자리에 올랐지만, 조방은 아직 여덟 살이라서 나라를 다스릴 수 없었어. 그러자 위나라의 신하 조상이 권력을 잡으려고 사마의를 내쫓았어. 하지만 순순히 물러날 사마의가 아니었지. 사마의는 조상이 방심한 틈에 군사를 동원해 조상을 내몰고 권력을 되찾았어.

사마의는 다시 군사를 일으켜 촉나라를 향해 출격했어. 제갈량이 없는 전쟁이니 쉽게 이길 수 있을까? 그러나 전쟁은 금방 끝나지 않았어. 길고 긴 전쟁이 계속되는 동안 사마의는 늙고 병이 들어 죽고 말았지. 이때 사마의의 나이가 일흔두 살이었어.

한편, 제갈량이 세상을 떠난 후 촉나라 황제 유선은 나라를 돌볼 생각은 하지 않고 날마다 술을 마시고 잔치를 벌이며 놀았어. 그러다가 위나라의 공격을 받게 되었지.

"폐하, 위나라 군사가 성도 근처까지 진격했다고 합니다!"

"뭐라고? 벌써 여기까지? 그러면 항복하겠다. 항복하면 목숨은 살려 주겠지?"

유선은 싸워 보지도 않고 너무 쉽게 항복했어. 제갈량과 함께 천하통일을 위해 싸우던 강유 같은 장군들은 황제가 항복했다는 소식을 듣고 분통하고 억울해서 스스로 목숨을 끊고 말았지.

항복한 황제 유선은 어떻게 되었을까? 위나라의 신하로 살면서 술을 마시고 잔치를 즐기며 예순다섯 살까지 아무 근심 없이 살았다고 해. 유선은 나라가 망하든 말든 자기만 잘 살면 된다는 생각을 가진 황제였어. 그런 유선을 존경하는 백성은 한 명도 없었지.

서기 265년, 사마의의 손자인 사마염은 위나라 황제를 내쫓고 자기가 황제의 자리에 올랐어. 그리고 나라 이름을 '진'으로 바꾸었지.

진나라는 오나라를 공격해 오나라마저 멸망시켰어. 위, 촉, 오 셋으로 나뉘어 수많은 전쟁을 거듭하던 삼국 시대는 이렇게 끝났어.

천하통일을 한 나라는 위나라도, 촉나라도, 오나라도 아니었어. 조조도, 유비도, 손권도 아니었지. 영웅들은 역사 속으로 사라졌고, 천하는 진이라는 나라로 통일되었어. 그렇게 다시금 새로운 역사가 열렸단다.

문해력 쏙쏙
역사 지식

《삼국지》와 《삼국지연의》

서기 280년, 진나라의 진수(233~297)가 역사책《삼국지》를 편찬했어요. 후한 말의 혼란한 시대에 위나라, 촉나라, 오나라가 서로 전쟁하면서 중국을 통일하는 역사를 기록한 책이지요. 진수는 원래 촉나라에서 일하는 관리였는데, 촉나라가 망한 후 진나라로 가서 일하면서《삼국지》를 완성했어요.

진수의《삼국지》는 역사책이라서 거짓 내용이나 과장된 이야기 없이 사실 그대로를 기록하려고 했어요. 실제 역사 기록이라서 '정사《삼국지》'라고 불리기도 해요.

《삼국지》 속 이야기는 사실일까?

진수의《삼국지》가 나오고 나서 1,100년쯤 흐른 후인 원나라 때, 나관중이《삼국지연의》라는 소설을 썼어요. 나관중은 진수의《삼국지》를 새롭게 각색하고, 떠도는 이야기를 넣고, 작가의 상상력을 더해《삼국지연의》를 창작한 거예요.

우리가 읽는《삼국지》는 역사책인 진수의《삼국지》가 아니라, 나관중이 쓴 소설인《삼국지연의》예요. 그래서 실제 역사와는 좀 달라요. '연의'라는 뜻은 사실에 새로운 내용을 더 넣어서 재미나게 설명한 책이라는 뜻이에요. 따라서 우리가 읽는《삼국지》속 이야기는 사실인 것도 있고, 아닌 것도 있다고 할 수 있어요.

또 나관중의 《삼국지연의》 외에도 여러 사람이 지은 《삼국지》가 있어요. 작가마다 흥미롭게 강조한 부분이 다르고 인물에 대한 해석이나 다룬 사건도 조금씩 차이가 있답니다.

《삼국지》의 진실 혹은 거짓

실제 삼국의 역사와 소설 《삼국지연의》는 많은 차이가 있어요. 몇 가지만 꼽아 보자면, 소설 속 적벽대전은 엄청나게 큰 전투로 나오지만, 실제로는 그렇지 않았다고 해요. 조조 군은 전염병으로 전투력을 거의 잃어서 싸울 수 없는 지경이었지요. 황개가 고육지책을 썼다는 것은 사실이 아니지만, 황개가 거짓으로 조조에게 항복하고 불로 공격해 이겼다는 것은 사실이에요.

도원결의, 삼고초려도 실제로 있었던 일은 아니라고 해요. 초선은 가상으로 만든 인물이며, 제갈량이 다섯 번의 북벌을 한 것도 실제로는 두 번이었고, 모두 실패했다고 해요.

문해력 쏙쏙
사자성어

백미(白眉)

흰 눈썹이란 뜻. 마씨 집안 오 형제 중 재주가 가장 출중한 사람이 마량이었다. 마량은 눈썹에 하얀 털이 돋아서 '백미'라고도 불렀다. 여럿 가운데서 가장 뛰어난 것을 비유할 때나 작품의 내용 가운데 가장 뛰어난 부분을 가리킬 때 이 말을 쓴다.

> **예문** 이번에 본 영화의 '백미'는 주인공이 고물차를 운전하면서 탈출하는 장면이야.

출사표(出師表)

군대를 일으키며 그 마음가짐을 적어 임금에게 올리는 글이라는 뜻. 제갈량이 위나라를 정벌하러 가기 전에 촉나라 황제 유선에게 올린 글로, 국가를 위한 충정과 결의를 담았다. 황제를 비롯해 문무백관 모두 눈물을 흘리며 감동할 만큼 명문이었다고 한다.

> **예문** 드디어 우리 학교 야구 팀이 전국 야구 대회에 '출사표'를 던졌어.

읍참마속(泣斬馬謖)

눈물을 머금고 마속을 처형한다는 뜻. 마속은 식량을 보관하는 가정을 지키라는 중대한 임무를 받았는데, 제갈량의 명령을 제대로 따르지 않아서 사마의에게 패하고 만다. 제갈량이 아끼는 마속을 베면서 눈물을 흘렸듯 사사로운 감정을 버리고 엄정한 법대로 처단해 질서를 바로잡을 때 쓰는 말이다.

> **예문** 학교의 규칙이 바로 서려면 '읍참마속'의 마음으로 규칙을 엄격하게 집행해야 해.

난공불락(難攻不落)

공격하기 어려워서 쉽사리 함락되지 않는다는 뜻. 제갈량이 이끄는 촉나라 군이 위나라의 진창에 도착했을 때 사마의는 이미 높고 견고한 성을 쌓아 놓고 있었다. 제갈량은 바위를 날리고 불화살을 쏘며 함락시키려고 했지만, 공격은 번번이 실패로 돌아갔다. 무너뜨리기 어려운 상대를 가리킬 때 쓰는 말이다.

> **예문** 와, 이번 수학 시험은 '난공불락'이었어!

문해력 쏙쏙
레벨업 문해력

※ 다음 글을 읽고 질문에 답해 보세요.

장비의 죽음

"대체 이게 무슨 ㉠이냐! 내 아우 장비마저 죽다니!"

㉡뒤늦게 이 사실을 알게 된 유비는 하늘이 무너질 것 같은 심정이었지. 그 자리에 그대로 털썩 주저앉고 말았어.

"우리 형제가 다 죽고 나만 살다니!"

유비는 땅을 치며 목 놓아 통곡하다가 이내 기절하고 말았어.

그 후, 유비는 며칠 동안 자리에서 일어나지 못했어. 그 모습을 본 제갈량은 걱정스러운 표정으로 말했어.

"폐하, 이러다 원수를 갚기는커녕 도리어 큰 화를 당하실까 두렵습니다. 부디 옥체를 보전하소서."

"승상, ㉢두 아우조차 지키지 못한 내가 무슨 낯으로 살아 있겠습니까? 장비를 죽인 범강, 장달은 이미 도망쳐 손권에게 장비의 목을 갖다 바쳤다니 이 일을 어쩌면 좋습니까!"

유비가 탄식할 때, 젊은 장수 하나가 유비에게 달려와 무릎을 꿇었어.

"폐하, 저는 장비의 아들 장포이옵니다. 저에게 아버지의 원수를 갚을 기회를 주십시오."

장포의 모습을 본 유비가 눈물을 글썽였어.

"장포야, 네 아비를 참 많이 닮았구나. 오냐, 가자. 복수해야지! 내가 너를 선봉에 세울 터이니 반드시 공을 세우도록 하여라."

그때 또 한 명의 장수가 달려왔어. 그는 관우의 아들인 관흥이었지. 아버지인 관우를 쏙 빼닮은 관흥의 모습을 본 유비는 눈물을 흘리며 반가워했어.

"저도 아버지의 복수를 하고 싶습니다."

"그래, 너희가 있어 든든하구나! 강동을 완전히 섬멸하고, 손권의 목을 베어 버리자!"

1. ㉠에 들어갈 낱말로 알맞은 것은 무엇일까요? (   )

   ① 물벼락 ② 불벼락 ③ 천벼락 ④ 날벼락

2. 이 글의 내용으로 알맞지 않은 것은 무엇일까요? (   )

   ① 장비가 죽어서 유비는 슬퍼한다.
   ② 장비를 죽인 범인은 범강과 장달이다.
   ③ 관우의 아들 관흥은 조조와 싸우려고 한다.
   ④ 장비의 아들 장포가 아버지의 원수를 갚고 싶어 한다.

3. 유비가 손권의 강동과 전쟁을 하려는 까닭을 알맞게 짐작한 사람은 누구일까요? (   )

　　① 사마의: 유비는 도원결의를 맺은 형제들을 손권이 죽였다고 생각하고, 손권이 다스리는 강동을 공격하려는 거네.
　　① 제갈량: 아니야. 위나라를 정벌하기 전에 더 약한 강동을 정벌하기로 계획한 것이네.

4. 이 글에서 일이 일어난 차례대로 기호를 쓰세요. (　 - 　 - 　)

　　① 관흥이 아버지의 복수를 하고 싶다고 했다.
　　② 장포가 아버지의 원수를 갚게 해 달라고 했다.
　　③ 유비는 장비가 죽어 목 놓아 통곡하다가 기절했다.

5. ⓒ의 내용을 시로 바꾸어 표현하려고 합니다. 빈칸에 들어갈 알맞은 내용을 써 보세요.

먼저 떠난 장비여,
유비는 목 놓아 슬피 울며 형제의 그림자 찾네
(　　　　　　　　　　)
홀로 남아 목 놓아 울부짖던 유비여,
정신 잃고 기절하고 말았네

6. ⓒ에서 알 수 있는 인물의 마음을 <u>바르게</u> 짐작한 사람은 누구일까요? ( )

① 유선: 아버님은 스스로 목숨을 끊으려고 합니다.
② 조운: 두 형제를 잃은 뒤라 참담하고 괴로워서 고개를 들 수가 없는 것입니다.

⌘ 삼국지 배경 지도 ⌘

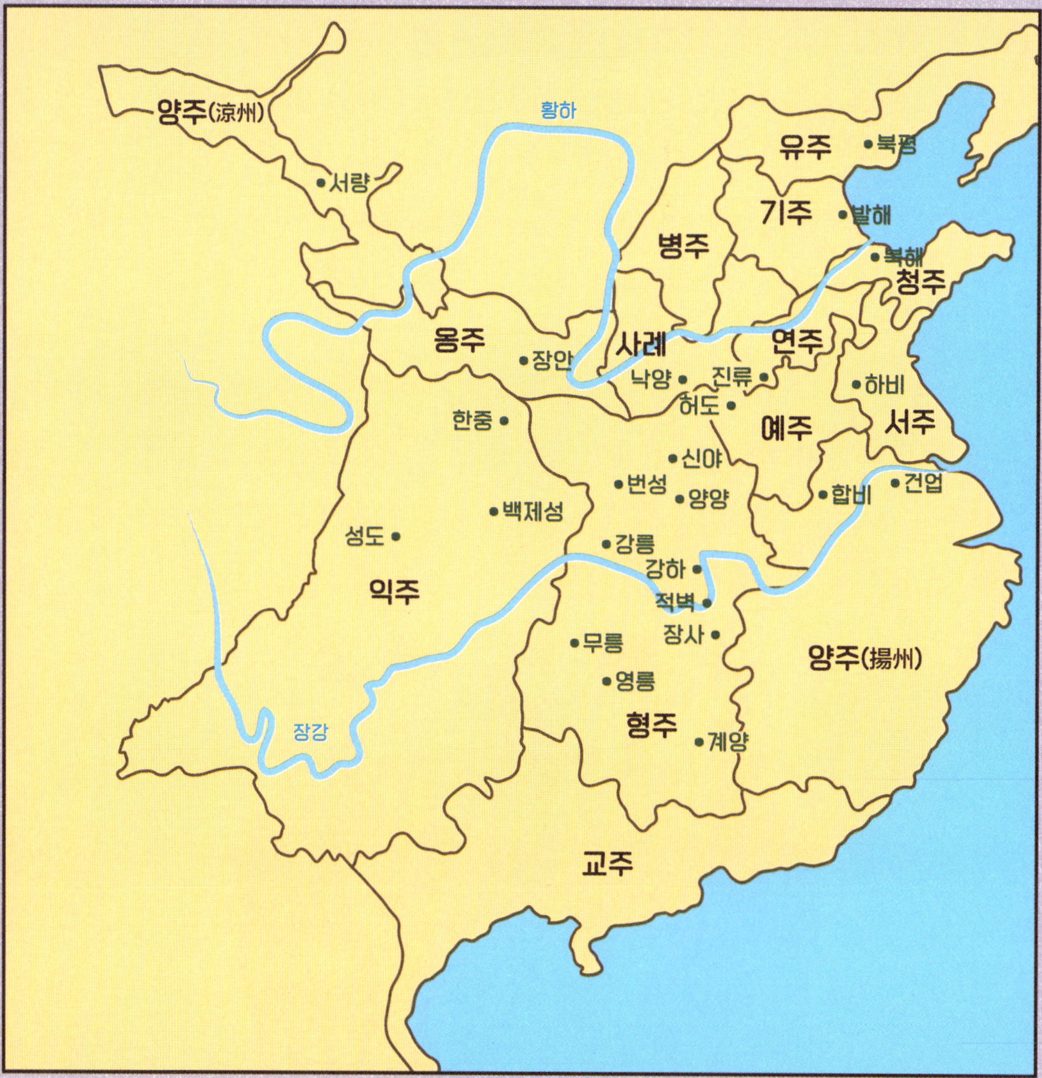
양주(涼州)
황하
유주
북평
서량
기주
발해
병주
북해
청주
옹주
장안
사례
연주
낙양
진류
하비
허도
한중
예주
서주
신야
번성
양양
합비
건업
백제성
성도
강릉
강하
익주
적벽
장사
무릉
양주(揚州)
영릉
장강
형주
계양
교주

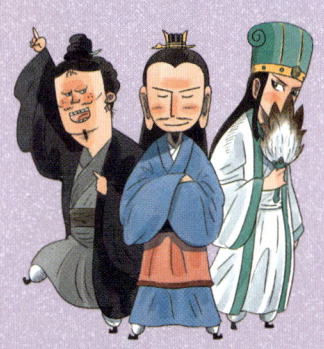